LE COMTE DE NETY,

1074-1086,

PAR

Lottin de Laval.

TOME PREMIER.

PARIS

LADVOCAT,

PALAIS-ROYAL.

M DCCC XXXVIII.

LE COMTE

DE NETY.

TOME PREMIER.

LE COMTE
DE NETY,

1074-1086.

PAR

LOTTIN DE LAVAL.

TOME PREMIER.

A PARIS,

CHEZ LADVOCAT, LIBRAIRE

DE S. A. R. M. LE DUC D'ORLÉANS,

PLACE DU PALAIS-ROYAL.

M DCCC XXXVIII.

A

M. ALPHONSE

DE LAMARTINE.

Quand les mariniers de la péninsule Italique ou de la péninsule Espagnole vont
livrer leurs frêles parencelles aux mers in-
constantes, ils ont la pieuse coutume d'in-
voquer la Vierge, afin qu'elle laisse tomber
son regard et un pan de son voile sur leur

pauvre esquif, pour lui assurer une naviga-
tion heureuse.

Quand les mortels s'en vont porter leurs
pas vers de lointains rivages, vous le savez
comme moi, Lamartine, si, parmi leurs
amis ou ceux qui les entourent, il se trouve
une âme noble et religieuse, ils la sup-
plient, les yeux mouillés de larmes, à l'heure
douloureuse de la séparation, de prier souvent pour eux, car, en cas de péril, la
prière ouvre les cieux!

Je suis comme le voyageur aventureux
ou le navigateur, et, comme eux, je place
cette œuvre, écrite au milieu des périls et
non sauvée encore des écueils, sous la
grandeur de votre nom, qui est une étoile!

Je suis plus fier pour mon livre et plus
orgueilleux de ce nom, Lamartine, que si

j'y burinais une couronne impériale, parce qu'il aura de vous du moins dans sa vie un regard d'ami ; la pensée de l'homme de génie, tandis que les couronnes impériales ne couvrent pas toujours l'affection ni la gloire.

Paris, janvier 1838.

LOTTIN DE LAVAL.

PRÉCIS HISTORIQUE.

Il y a, dans l'histoire du monde,
des races prédestinées qui, dès leur
apparition sur une scène politique,
ont jeté des racines profondes dans le
sol où elles sont venues s'implanter,
et se sont rapidement étendues au loin

par leur caractère moral, leur génie organisateur ou la force de leurs armes. Parmi ces grandes races de notre ère, nous devons placer au premier rang celle des Franks, qui renversa dans la Gaule les restes de la domination romaine, dont elle prit la place, mais dans de plus vastes proportions; — ensuite celle des Sarrasins d'Espagne ; et dans le siècle suivant, la race normande, qui n'est pas la moins glorieuse.

Assurément, la race normande est une race prédestinée. Une poignée d'aventuriers intrépides [1], quelques jeunes

---

[1] Les BERSERKERS, *guerriers frénétiques;* ils mon-

chasseurs du Nord équipent de mau-
vais navires, viennent débarquer dans
la Neustrie, dont ils ravagent les côtes,
et regagnent leur pays gorgés de bu-
tin. A leur retour, les WIKINGUES (écu-
meurs de mer) sentent leur cupidité
s'éveiller en face des richesses de leurs
frères; ils partent, ils imitent leurs de-
vanciers, pillent les églises, les mo-
nastères ; et comme cette terre semble
inépuisable, que le sol est meilleur,
l'atmosphère plus chaude, le ciel plus
brillant dans cette contrée que dans
leur brumeux Danemark, on prépare
de grandes expéditions, on livre aux
flots le SOEKONGAR [1], et bientôt Rollon,

taient ordinairement un navire ayant une tour à la poupe,
appelée *Kastali*.

[1] Le SOEKONGAR, *le lougre du roi des flots.*

le grand chef, envahit toute la Neustrie et se fait concéder ce fief admirable par Charles le Simple (A) [1].

D'abord, c'est pour les aventuriers
une colonie militaire, mais bientôt ils
s'y naturalisent. Les terres sont parta-
gées, et les hommes du Nord font aux
descendants des Franks ce que ceux-
ci avaient fait aux Gaulois tributaires
de Rome. — Alors Rollon fonde une
dynastie, et le Wikingue devient duc
de Normandie et premier grand feu-
dataire de la couronne de France.

Les nouveaux ducs secouèrent bien

[1] *Voy.* à la fin du volume les Notes historiques.

souvent le joug de l'investiture. Plus
puissants *de fait* que le roi de France,
leur suzerain , ils méconnaissaient la
puissance *du droit* pour agir en véri-
tables rois. Les ténèbres de la barbarie
étaient encore trop profondes pour que
la puissance morale fût écoutée. Le
génie civil n'a de conditions vitales et
d'influence qu'aux époques d'une haute
civilisation. Hors de là , l'épée et la
force brute courbent tout sous leur
domination terrible.

Quand les hommes du Nord se furent assurés de leur valeur, des ressources immenses que leur offrait leur
territoire , ils jetèrent un coup d'œil
autour d'eux , et , saisissant le plus
léger prétexte , le droit le plus contes-

table, la conquête de l'Angleterre fut résolue.

Alors la Bretagne, l'Anjou, le Maine, le Perche, la Picardie, et bien souvent l'Ile-de-France, virent flotter à travers leurs villes et leurs riches campagnes le labarum rouge de Normandie.

Voilà pour l'occident.

Vers l'orient, c'étaient d'autres gloires, des gloires qui eurent d'immenses résultats politiques, et qui contribuèrent puissamment à répandre la civilisation en Europe.

Quelques pèlerins normands, des hommes d'épée, revenant de la Terre-

Sainte, furent jetés par la tempête vers Salerne, à l'extrémité de la Calabre Citérieure. Ils étaient *quarante*; et ces quarante chevaliers mirent en fuite de nombreuses cohortes de Sarrasins, accourues, selon leur coutume annuelle, pour rançonner les peuples lombards soumis aux Grecs du Bas-Empire (B)[1].

Revenus dans la mère-patrie, ces chevaliers racontèrent leurs faits d'armes et les avantages brillants que leur avait offerts Gaimar, duc de Salerne. Sur ces entrefaites, un ambassadeur de ce prince arriva à la cour de Robert le Magnifique, duc de Normandie, le conjurant, au nom de son maître, de

[1] *Voy.* à la fin du volume les Notes historiques.

lui envoyer quelque jeunesse normande qu'il comblerait de biens et d'honneurs.

Un chevalier normand, un homme austère, Osmond Drengot, venait de tuer Guillaume Repostel, un des courtisans du prince, qui s'était vanté hautement d'avoir déshonoré sa fille. La vie de ce malheureux père étant menacée, ce fut le premier qui se décida à rejoindre l'ambassadeur du duc Gaimar. Puis, voyant la bonne volonté de Robert à satisfaire le suzerain lombard, un vieux gentilhomme de l'évêché de Coutances, nommé Tancrède de Hauteville, père de douze fils et pauvre comme un vilain, voulut que ses six aînés fussent de la partie.

C'était leur montrer le chemin de la
fortune. Onfroy, Drogues, Guillaume,
Herman, Roger et Robert, reçurent
la bénédiction de leur vieux père et
partirent. Le dernier de ces chevaliers
devint bientôt célèbre, et, à cause de
sa finesse toute normande, il fut sur-
nommé Guichard ou Guiscard, c'est-
à dire *le.Rusé* [1].

Une foule de pèlerins batailleurs les
suivirent, et, parmi les plus remar-
quables, l'histoire cite les noms de
Turstin Citel, Ragnulfe et Richard,
fils d'Anquetil de Quarrel, Ernaud de
Grantemesnil, Aregot du Puiset, Aris-

[1] Chez moi, dans la Basse-Normandie, les paysans
disent encore : *Tu guiches* ou *tu guinches*, pour exprimer
l'action de *ruser*.

got et Guillaume de Montereul-l'Argilé.

Sur ces entrefaites, une guerre terrible éclata entre quelques petits princes de la Pouille et les armées des Grecs du Bas - Empire, maîtres de la plus grande partie des Calabres. Les Lombards, assistés des aventuriers normands, finirent, après cent combats meurtriers, par refouler les Grecs jusque vers la Romanie, et les Normands, devenus princes possesseurs, firent la guerre aux papes Léon et Hildebrand, qui, vaincus par eux, reconnurent enfin leur souveraineté, en faisant toutefois relever leurs fiefs de la chaire apostolique (C) '.

' *Voy.* à la fin du volume les Notes historiques

Alors les Tancrède se partagèrent la péninsule italique depuis Reggio jusqu'à Naples et d'Otrante à Manfredonia. Guiscard fut créé duc de Pouille, un autre comte de Principato, un autre prince de Tarente, et, se sentant déjà mal à l'aise dans leur conquête inespérée, Roger, Jourdan, son fils, et ses neveux, allèrent chasser les Arabes de la Sicile, dont Roger prit le titre de *grand-comte*, tandis que Robert Guiscard courait effrayer les empereurs d'Orient jusque dans les champs de la Macédoine.

« Les exploits des pèlerins normands ont surpassé ce qu'enfanta l'imagination poussée jusqu'à ses dernières limites, et jamais romancier n'osa en inventer de plus étonnants que ceux qu'ils ont faits ¹. »

Et en effet, lorsqu'on fouille dans les annales de leur histoire, on croit avoir sans cesse sous les yeux les grandes actions des siècles héroïques; on voit une poignée de chevaliers dont le courage et la haute valeur retrempent l'énergie d'un ramassis de Grecs, de Romains, d'esclaves de la Campanie, amollis par un climat enchanteur et dégradés par le despotisme. Eh bien! les Tancrède les placent au milieu de leurs rangs et se jettent avec eux sur les phalanges redoutables des Grecs et des Arabes.

¹ M. Léon Thiessé, *Abrégé de l'Histoire de Normandie.*

Mais si les faits militaires excitent notre admiration, exaltent notre pensée, voyons combien fut admirable le génie civil et religieux de ces guerriers, de ces *barbares*, venus du fond du Nord, où tout était dans les ténèbres, et quels en furent les résultats.

Un siècle encore, et les musulmans, déjà maîtres des Espagnes, sachant le chemin du royaume de France, qu'ils avaient plusieurs fois envahi, se seraient étendus comme le semoun de leurs déserts sur notre patrie déchirée par les divisions intérieures ; puis, remontant vers le Rhin, ils auraient été à la rencontre des Fatimites de Sicile et des Calabres, qui avaient la pensée de conquérir l'Italie. Les

deux péninsules se réunissant alors ,
c'en était fait du christianisme et de
la liberté en Europe.

Une poignée de chevaliers normands vint prévenir et arrêter ce
grand désastre, et leur domination
si rapprochée de l'Orient ne fut peut-
être pas une des moindres causes qui
déterminèrent les croisades [*].

Puis, implantant la féodalité sur
ce sol où la liberté avait eu des autels,
ils écrasèrent une multitude de petits
princes indépendants assez forts pour

[*] Je ne pense pas qu'à propos de ce système, les esprits
sérieux puissent crier au paradoxe. Après une lecture
grave des chroniqueurs arabes , byzantins , normands et
italiens , il vient tout naturellement.

guerroyer entre eux, mais trop faibles pour résister à une invasion puissante. Alors, agglomérant tout en un seul royaume, ils mirent fin aux guerres civiles, sauvèrent ces contrées superbes, et préparèrent ainsi l'Europe à sa régénération politique.

Sous le rapport des arts, des sciences et de l'agriculture, les Normands de Sicile ne restèrent pas en arrière; les traditions de l'antiquité s'étaient conservées chez les Byzantins, mais là tout allait dans une décadence qui s'est continuée jusqu'à nos jours en Orient. Eh bien! avec ces traditions misérables et quelques idées qu'ils empruntèrent aux Arabes, les conquérants, déployant tout leur génie, inventèrent une architecture à part, cette architecture religieuse, pleine de mysticisme, élancée et fleurie, qu'on appela *gothique* en Occident, mais dont l'invention et la gloire appartiennent en entier aux Normands de Sicile et des Calabres (D) [1].

Puis vint la fondation de la fameuse école de Salerne, où l'homme apprit à connaître ses droits, sa force morale et la science de la médecine que devaient porter si haut deux nobles émules, les universités de Bologne et de Pavie. Puis le système maritime fut perfectionné, devint plus redou-

[1] *Voy.* à la fin du volume les Notes historiques.

table, moins périlleux, et ajoutons à
tout cela un immense développement
de l'industrie et de l'agriculture.

N'est-ce donc pas une chose inouïe
que la grandeur de cette race barbare
qui, s'échappant du septentrion, s'en
va en orient, au foyer éblouissant de
la civilisation, vers le berceau de tous
les dieux, qui s'empare des restes
de cette civilisation, les approprie à
son génie, retrempe les descendants
des civilisateurs, d'esclaves énervés
les refait hommes courageux, et pro-
digue à tous la lumière ? En songeant
à ces choses étonnantes, il m'a semblé
voir le grand fleuve du Nil remontant
tout amoindri de la mer à ses sources, et répandant sur son passage,

malgré ses pertes , une double fécon-
dité.

Moi, Normand, j'ai voulu écrire
l'histoire de ma race ; j'ai voulu mettre
en lumière les actions héroïques de
nos ancêtres. Pour cela faire, je suis
allé, plein de foi, en pieux pèlerin,
visiter les lointaines contrées qui ont
vu tant de prodiges ; j'ai voulu parcourir les champs de bataille où nos
aïeux se signalèrent , étudier l'art
dans leurs monuments, respirer sous
leur ciel, naviguer sur leurs mers,
afin de mêler à mes récits l'art et
la poésie , qui sont l'âme de toutes
choses.

C'est une tâche rude, difficile, im-

mense, que je me suis imposée; je
n'en ignore nullement ni les dangers
ni l'étendue, et ce n'est qu'avec crainte
et une extrême réserve que je m'empare du burin de fer qui devra écrire
au front de l'œuvre : IMPARTIALITÉ
POUR TOUS. Aussi n'irai-je pas jusqu'au bout sans reprendre souvent
haleine. Mes longs et périlleux voyages,
entrepris dans ce but unique, sont
déjà, je crois, un acte de conscience;
j'espère faire de telle sorte qu'on ne
pourra, dans l'avenir, m'accuser d'y
avoir failli. Si je tombe, c'est que la
force m'aura manqué, non la bonne
volonté ni le courage.

En visitant la Sicile africaine, et
surtout en revenant de l'Ionie, je fus

frappé de la grandeur imposante de ces beaux rivages ; et je songeai à leur histoire, à ces luttes gigantesques dont ils furent témoins dans l'antiquité grecque et romaine. Taormina, surtout, fit sur moi une impression indéfinissable. Là fut la scène du plus grand épisode du moyen-âge. C'était une autre Troie, et les Normands et les Arabes ensanglantèrent, pendant douze années, les sables mouvants de ses blanches grèves.

Cela a donné lieu à l'épisode qu'on va lire. Grâce aux couleurs poétiques du *genre historique*, j'ai essayé de faire connaître les mœurs des hommes du Nord et des Arabes, au moment de la conquête des premiers. C'est un travail écrit en partie sur les lieux mêmes, et qui ne précèdera que de peu de temps, j'espère, un livre d'une nature plus grave, d'une portée plus haute : l'Histoire des Normands de Sicile, d'Orient et d'Italie.

L. DE L.

[illegible]

[illegible]
[illegible]
[illegible]
[illegible]
[illegible]
[illegible]

[illegible]

LA SICILE

AVANT LES ARABES ET LES NORMANDS.

> L'introduction historique est aussi nécessaire
> à une œuvre d'imagination et de poésie, qu'un
> catalogue habilement fait l'est à un riche amateur.
>
> Comte L. DE CHARNY.

I.

[illegible]

[illegible]

LE
COMTE DE NETY.

I.

A l'extrémité orientale de la Sicile, bien
au delà des monts Pélores, s'élèvent de
hautes masses de rochers bizarres, élevés
d'abord par des volcans sous-marins, et
déchirés ensuite par les affreuses convul-
sions de l'Etna, qui montre à l'horizon

violet son large front de géant. Les ondes
bleues de la mer d'Ionie, légèrement pous-
sées par la brise de l'archipel grec, s'en
viennent apporter à ces falaises grises leurs
plaintes sans cesse renaissantes et toujours
harmonieuses, et, par le doux murmure
de leurs chants et leurs frais parfums, elles
invitent le matelot des grèves siciliennes
à hisser au mât de son frêle esquif l'élé-
gante voile latine, blanche comme une
aile d'alcyon, afin de se frayer un passage
au milieu de leurs eaux, pour aller donner
un souvenir à la vieille Grèce, la mère-
patrie à demi oubliée.

Au revers de ces rudes falaises, une
montagne calcaire et stérile comme les
collines de Baïa s'élève toute déchirée :
c'est le Taurus. Un sentier étroit et escarpé
sillonne les flancs de ce mont crayeux, et
vient aboutir à d'imposantes ruines et à

une ville qui fut jadis bien célèbre sous le
nom de *Tauromenium* [1].

Quoiqu'elle appartienne aux âges historiques, nul ne sait son origine certaine.
Diodore pense que ses fondateurs étaient
des aventuriers de Corinthe qui, faisant
voile pour Syracuse, afin de rejoindre leurs
frères, furent jetés par la tempête aux
grèves du Taurus, et que, séduits par la
scène sublime qui se déroulait sous leurs
yeux, et par l'extrême force de la position,
ils y fondèrent cette ville, malgré les combats acharnés des redoutables Sicules.
D'autres historiens affirment, au contraire,
que sa fondation fut libre, et qu'elle s'é-
leva sous Andromachus, père de l'historien
Timée, qui y amena des Naxiens, dont
Denys le Tyran avait saccagé la ville.

[1] Aujourd'hui Taormina.

Protégée par l'escarpement de ses rochers autant que par la bravoure de ses fils, Tauromène prit un accroissement rapide, et devint bientôt florissante ; les colons grecs y avaient apporté le goût des arts de l'Eubée, de Corinthe, d'Athènes, et la cité nouvelle ne tarda guère à posséder des temples, des poëtes et un théâtre.

Les Sicules, ces braves insulaires qu'on venait déposséder, cédèrent pied à pied le terrain de leur île merveilleuse, et se confinèrent dans les vallées profondes de leurs montagnes. Toute la Sicile maritime était grecque. Du côté de l'orient, sur le versant poétique des Pélores, c'étaient Messine, Mylas et la belle Tyndaris ; à l'occident, Himère, Solente et Panorme, *la ville heureuse*, brillaient d'un vif éclat ; au septentrion, c'étaient Hyccara, la patrie de Laïs, la plus belle et la plus infortunée des filles de

l'amour, et Ségeste, cette rivale de Rome,
qui expia si cruellement sa splendeur et sa
beauté! c'étaient Éryx et Drepanum, la ville
de Vénus, la cité des femmes merveilleuses!
et sur la côte africaine, en regard de Carthage la guerrière, les Mégariens avaient
fondé Sélinunte, les Crétois, Agrigente,
les Corinthiens, Syracuse, et d'autres colonies, Léontium, Minos, Acis et Naxos,
toutes villes fameuses dignes de rivaliser
avec les cités célèbres soumises à Athènes
et à Lacédémone.

L'injustice est la passion dominante des
sociétés; elle a pris naissance au berceau
des peuples barbares, et, à mesure que la
civilisation a secoué son flambeau au front
de l'humanité, elle a grandi comme une
nuée d'orage, suggérant sans cesse aux
forts la pensée de courber les faibles. Ce
fut l'histoire des colonies grecques.

Dès qu'elles se furent constituées, elles
eurent chacune des lois et des princes, qui
avaient le titre de *tyrans* : ce titre, odieux
dans les langues modernes, signifiait tout
simplement *chef suprême de la république;* et comme quelques-uns de ces
princes commirent des exactions sans nombre, la postérité, qui juge par tradition et
souvent sans analyser, fit de cette dignité
haute une épithète flétrissante. C'est cette
même propension à l'absurde et à la mé-
chanceté insouciante qui a déshonoré Ma-
chiavel, dont le nom seul est une injure...
et pourtant quel cœur fut plus noble et
plus courageux que celui du grand citoyen
de Florence !

Les tyrans de Syracuse, de Sélinunte et
de Ségeste, fiers de leur puissance, et om-
brageux de la prospérité de leurs voisins
plus faibles, résolurent de les assujettir;

ce fut le commencement de la ruine de tous. Les petites cités indépendantes firent cause commune, et, animées par une liberté ardente, elles combattirent plusieurs siècles sans subir le joug de l'ennemi ou de l'étranger. Tauromenium surtout fit des prodiges de valeur dans ces guerres acharnées.

Les Africains parurent alors sur les rivages de la Sicile, et vinrent y faire naître l'effroi. Carthage, colonie des Phéniciens, s'élevait florissante au pays des Numides, et sa puissance, toute maritime, lui suggéra l'idée d'étendre ses conquêtes et d'assujettir la Péninsule italique et la Sicile.

Ce furent des temps de profondes misères pour cette île si belle et si riche! Les dissensions civiles déchiraient à l'intérieur les neuf républiques, tandis qu'elles avaient

à soutenir au dehors la guerre contre la
flotte athénienne de Démosthènes et l'armée de Nicias, qui, toutes deux, investis-
saient Syracuse; contre les Carthaginois,
déjà maîtres de Panorme, d'Hyccara et de
tout le territoire magnifique qui s'étend du
golfe *dell' Uomo morte* et de Parthenico
jusqu'au delà d'Himère, à laquelle les Africains avaient donné le surnom de *la Ven-
gée* [1]; et bientôt aussi contre les Romains, qui d'alliés allaient s'ériger en
maîtres.

---

[1] Ce fut devant Himère, aujourd'hui Termini, que
Gélon, tyran de Syracuse, vainquit Amilcar le jour où
Léonidas mourait aux Thermopyles (480 ans avant J.-C.).
Amilcar et *cent cinquante mille* Carthaginois y furent
massacrés impitoyablement; mais cette action barbare
attira sur les Siciliens la terrible vengeance d'Annibal.
Il détruisit Himère, fit amener devant lui cinq ou six
mille prisonniers échappés au carnage, et les fit immoler
aux mânes de son aïeul, sur la place même où ce grand
homme avait été tué.

Rome, après avoir vaincu sa rivale, oc-
cupa militairement la Sicile, et y envoya
de grands dignitaires pour la gouverner.
Cicéron y fut proconsul, et, après le rappel
du tribun austère et du grand orateur, on
y envoya le questeur Verrès, cet Érostrate
avare qui poursuivit les dieux immortels
jusqu'au fond de leurs sanctuaires[1] !

La résignation et les plaintes intérieures
sont les vertus des peuples faibles, que la
guerre ou la mauvaise foi ont courbés sous
un joug odieux; le vaincu doit maudire et
pleurer dans l'ombre, car une larme versée
sur la place publique annonce une âme
qui ressent l'injure, et cela devient un
crime aux yeux des conquérants; car cette
âme pourrait être l'étincelle ardente qui
précède la foudre et qui fait ensevelir sous

[1] Voy. *Cic. in Verrem.*

ses jets de feu ceux qui ont répandu à flots
le sang de leurs frères !

Selon les conjectures critiques les plus
vraisemblables, et d'après l'histoire de
l'art, ce fut à cette époque désolée, immédiatement après la questure de l'infâme
Verrès, que l'on jeta les fondements du
célèbre théâtre de Tauromenium. Était-ce
en signe de réjouissance du départ de ce
cruel dilapidateur ? Il est naturel de le
croire. Mais ce que nul ne sait, c'est de
savoir s'il fut élevé sur les ruines de celui
que les Grecs fondateurs avaient édifié.

A cette époque reculée, Tauromène devait être riche et assez considérable : elle
occupait sans doute tout le sommet du
Taurus, et devait s'étendre au sud-ouest
dans la direction de Mola, cité princière,
perchée, comme un nid d'aigle, sur la

crête d'une haute montagne grise et pelée,
tandis que vers l'archipel grec elle devait,
à en juger par ce qui reste de décombres
informes, allonger son enceinte dans les
champs cultivés au-dessous des ruines du
théâtre.

On ne connut ni la parcimonie mesquine, ni l'épargne raisonnable, quand il
s'agit de la construction de ce théâtre;
c'était peut-être le site le plus sublime du
monde, et les mortels, soit par une ému-
lation noble ou par un haut orgueil, cher-
chèrent à égaler les dieux. Les hautes colonnes de brèche africaine, les granits
d'Égypte, les marbres blancs de Paros, tout
cela fut amené à profusion au sommet de ce
Taurus, qui n'a guère d'autre accès qu'un
petit sentier escarpé. Les vomitoires étaient
couverts de marbre; la brocatelle d'Espagne, le vert antique et la malachite

recouvraient les larges briques des parois
des murailles, et le proscénium était composé de colonnes ornées de chapiteaux, où
l'art romain avait dépensé tout son génie [1].

La peinture, destinée à reproduire le ma-
tériel de la poésie, le relief et la couleur,
s'arrête impuissante dans les ruines de ce
théâtre. Poussin et Salvator Rosa, ces
grands maîtres du paysage, auraient jeté
leurs pinceaux dans la mer du haut des
restes de ce proscénium sublime. Assis sur

---

[1] Quelques voyageurs ont écrit que ce théâtre apparte-
nait à l'art grec ; mais nous l'avons étudié avec soin, et
d'après les nombreux monuments grecs que nous avons
vus, et les colonnes mutilées, les chapiteaux, les débris
des frises du théâtre de Tauromène, nous avons pensé,
en examinant le travail, moins pur en général que celui
des monuments de l'Attique, qu'il devait son édification
aux questeurs qui succédèrent à Verrès.

(Voir mon *Voyage en Sicile*, Un an sur les Chemins,
tome ii, page 104.)

les gradins les plus élevés, on aperçoit, à travers les portiques si élégants qui ornaient la scène, l'Etna, d'où s'échappent sans cesse les mugissements d'Encelade, l'ancien port de Vénus, le rivage où fut l'autel d'Apollon Archagète, Acis, Naxos, Léontium, Augusta, Syracuse, et à l'orient et au sud la mer de Grèce et la mer africaine. Si cette grande ruine, toute déchirée qu'elle est, émeut et élève l'âme, qu'était-ce donc lorsque, dans le fond de ce même théâtre, vingt-cinq mille spectateurs s'agitaient sur les gradins, et voyaient la lave du volcan se dérouler comme un reptile aux anneaux enflammés, menaçant les cités du rivage, et jetant de vives lueurs sur la scène, tandis que l'esprit et les regards étaient frappés à la fois, ceux-ci par les orages de la Méditerranée, celui-là par les douleurs d'Électre et les infortunes des Atrides ! Ainsi les prodiges de la nature et

des arts s'étaient rencontrés sur ce pro-
montoire pour y enivrer les hommes d'enthousiasme et de poésie. Où pouvait-on
représenter avec plus de succès *le Cyclope*
d'Euripide, *Iphigénie en Aulide* et *les Nuées*
d'Aristophane? Les pinceaux divins de
Zeuxis et d'Apelle auraient-ils pu offrir à
la scène grecque des décorations aussi nobles et aussi éclatantes? Quelle magie pour
la pensée! Les poëtes, en écoutant réciter
leurs vers harmonieux dans cette enceinte
sonore, sous ce ciel resplendissant, au-dessus de ces ondes enchanteresses, devaient
presque se croire les égaux des dieux.

Mais toute cette splendeur devait disparaître comme le souvenir d'un songe, et les
échos du proscénium, qui avaient redit tant
de fois les plaintes sublimes des Troyennes,
devaient bientôt retentir des cris sauvages
poussés par les barbares.

Quand Rome, voulant mourir, se scinda,
et fit deux empires du monde, sa conquête
inouïe, la Sicile se trouva dans le partage
de l'empereur d'Occident. A dater de ce
jour, on la considéra comme faisant partie
de l'Europe, ce qui semble fort peu ration-
nel, tant les mœurs de ses habitants, les
produits de son sol et son climat appartiennent à l'Afrique.

On vit alors les Barbares, comme une immense avalanche, déborder sur l'Europe
entière ; la Sicile devint successivement la
proie des Goths et des Ostrogoths, auxquels
l'illustre Bélisaire l'arracha pour Justinien.
Alors, au lieu de proconsuls et de questeurs,
on envoya pour la gouverner un catapan,
espèce de satrape, qui relevait de l'exarchat
de Ravenne. Les belles colonies grecques
essayèrent en vain de reconquérir leur indépendance sous ces catapans... Le pli de

l'esclavage était pris, et leur destinée était de subir à tout jamais le joug de l'étranger !

Du reste, ce triomphe fut pour l'empire Grec rapide et passager comme la marche d'un météore ; les derniers neveux des Carthaginois accoururent dans cette belle île, et ils y arborèrent leurs anciens étendards.

Enhardis par les succès de la dynastie des kalifes Ommiades en Espagne, leurs frères les Sarrasins s'établirent complétement en Sicile. Quand leur conquête fut bien assurée, cette île merveilleuse parut recouvrer en un instant son ancienne splendeur. Décimée par quinze siècles de guerres civiles et de guerres étrangères, elle ressemblait au fameux Campo - Vaccino de la Rome des Césars ;... c'était un merveilleux champ jonché de ruines, mais de ruines sublimes. Les Sarrasins passèrent le soc sur

les steppes sanglantes, et cette terre, dont
le sommeil avait été si long après ses profondes blessures, se réveilla subitement et
se releva d'un bond, toute fertile et toute
vigoureuse, comme au temps où le grand
tyran Timoléon donnait des lois à Syracuse.

La Sicile fut assez heureuse durant les
deux siècles que les Sarrasins l'occupèrent :
ce peuple industrieux, savant, artiste, et non
barbare, comme l'intolérance religieuse l'a
voulu insinuer, ce peuple rouvrit de grandes écoles d'arts à Palerme, à Messine et à
Syracuse; il respecta les anciens monuments grecs dont l'île est couverte, et l'on
vit s'élever à côté des colonnades aériennes
et sévères de l'Attique les blanches mosquées fleuries, festonnées, aux minarets
élancés, et les élégants casins à fenêtres
moresques qui recélaient à l'intérieur de

splendides mosaïques d'or, de lapis et de porphyre. Toutes ces richesses les exaltèrent et causèrent leur ruine; ils voulurent agrandir leurs conquêtes et soumettre l'Italie. Mais les Normands, déjà maîtres de la Pouille et des Calabres, passèrent en Sicile sous les ordres de Robert Guiscard, du comte Roger et de ses neveux, prirent Messine, Termini, Palerme, et investirent plusieurs cités afin de chasser peu à peu les Sarrasins.

LE CAMP DES NORMANDS.

Cette poignée d'hommes, ces cinquante chevaliers normands, et surtout les douze fils du
vieux Tancréde de Hauteville, cette fleur de
chevalerie, ont peut-être, par leur bravoure et
leurs éclatants faits d'armes, épargné à l'Europe
la honte du joug sarrasin. Sans les Normands,
l'Europe serait, selon toutes probabilités, devenue musulmane.

Comte L. DE CHARNY.

II.

II.

Les Tancrède étaient déjà maîtres de
toute la Sicile occidentale. Vers le cou-
chant, leur puissance s'étendait bien au
delà de Palerme, et à mesure qu'ils allon-
geaient leurs possessions maritimes, ils
formaient une ligne redoutable dans la
profondeur des terres, afin de soumettre

peu à peu les villes du rivage et les villes
de la Terre de Labour.

Ségeste, la belle et infortunée ville de
Diane ; Ségeste, qui dut à son opulence le
surnom de *Sœur de Rome,* se trouvait dans
le territoire contesté, ainsi que Calata-
Fimi, grosse et forte bourgade occupée
par les Sarrasins ; mais, de ce côté, la conquête était difficile, à cause de la grande
distance de la Calabre, d'où partaient les
troupes expéditionnaires, et les Normands,
après avoir calculé toutes les chances, con-
centrèrent leurs soldats vers le Phare, afin
d'enlever l'une après l'autre toutes les villes
de la Sicile africaine.

Le siége de Tauromène se poursuivait
avec une rigueur infinie du côté des Normands, commandés par Jourdan-Tan-
crède, comte de Néty. Maîtres absolus de

toute la Messénie et des plages mammertines, ils interceptaient les convois que
les émirs d'Afrique ou de Syracuse expé-
diaient à leurs frères par la voie de la mer,
mais ils n'étaient pas assez nombreux pour
disséminer une légion sur les flancs de
Mola afin de s'emparer des défilés, et quelques secours arrivant de ce côté aux Sarrasins, ils regardaient d'un œil impassible,
du haut de leurs remparts inexpugnables,
les efforts infructueux des chevaliers normands [1].

Néanmoins on souffrait cruellement de
part et d'autre; car si le comte de Nety et

---

[1] Tauromène fut assiégée onze fois par les Normands.
Selon quelques auteurs arabes, ces nombreux sièges ne
furent jamais complétement levés, ce qui leur faisait dire
avec orgueil dans leur langage figuré : Que la ville du
Taurus avait vu cinq mille soleils éclairer les efforts im-
puissants des chrétiens. Le siége dura plus de douze ans.

ses Normands avaient à supporter dans leur camp toutes les intempéries de la saison, les assiégés, de leur côté, enduraient les angoisses de la famine.

Un soir, longtemps après le coucher du soleil, un cavalier couvert d'une cotte de mailles, et n'ayant d'autre arme offensive et défensive qu'une longue épée, accourait sur les grèves de Tauromène de toute la vitesse de son destrier blanc. La brise embaumée de la nuit faisait flotter gracieusement le panache noir de son casque, dont la visière était relevée, et il donnait souvent des signes d'impatience quand la mer le forçait de quitter la grève humide, et que son pauvre coursier, qui semblait accablé de fatigue, trottait péniblement sur le sable rendu léger et mouvant par le soleil africain.

Deux écuyers le suivaient à une longue

distance. Quand il aperçut les feux des postes avancés, il fit résonner assez faiblement un petit cor suspendu à son cou, et les deux écuyers accoururent avec une vitesse inouïe.

— Prends les devants, Raynulfe, dit-il à l'un d'eux, et recommande le silence aux officiers; je veux arriver sans bruit à la tente du comte de Nety.

Bientôt il passa devant les postes, et les soldats de garde restèrent immobiles appuyés sur leurs lances; on eût dit, à les voir si indifférents et si mornes, que ce cavalier était un simple officier d'armes envoyé de Calabre au comte de Nety par Roger de Hauteville ou par le célèbre Robert Guiscard.

Une fois parvenu au pied des grèves,

dans un petit cirque de rochers que surplombent les édifices de Tauromène, il s'arrêta quelques instants, et considéra la vieille ville avec une attention singulière. Elle apparaissait toute noire sur les rochers blancs, entourée de son épaisse ceinture de murailles; nul bruit sur les remparts, nul point lumineux dans les édifices de l'amphithéâtre immense. On eût dit que cette ville avait été désertée, ou que tous les habitants étaient morts de faim!

A deux milles de là, dans la direction de Catane, des feux en grand nombre éclairaient des groupes de soldats se dessinant vaguement en noir sur une infinité de tentes blanches et rougeâtres... C'était le camp des Normands.

Le cavalier arriva jusqu'à la tente du général, précédé par son écuyer, qui s'écria

d'une voix forte en s'adressant aux soldats
qui en gardaient l'entrée :

— Faites place, cavaliers et gentils-
hommes, à mon maître et mon seigneur !

Le comte de Nety prenait le repas du
soir, entouré de ses parents et de ses
chefs les plus fidèles. On voyait là Serlon
le brave, fils de Serlon, neveu du comte
Roger et des princes normands; Robert
de Quinteval, Aregot du Puiset, Tris-
tan, Hélie Arisgot, Hugues de Bréchie et le
jeune et vaillant Bohémond, fils de Robert
Guiscard, qui devint plus tard prince d'Antioche.

Le comte de Nety se leva précipitamment
en entendant la voix de l'écuyer ; tous les
seigneurs l'imitèrent, et se découvrirent

avec respect devant le guerrier qui entrait
dans la tente d'un pas ferme.

— Mon père! s'écria tout à coup Nety en
se jetant dans ses bras, soyez le bienvenu à
tout jamais!

— Merci, mon brave Jourdan, repartit
le guerrier, merci; les affaires vont mal en
Sicile, et j'ai pensé que ma présence au
camp pourrait être nécessaire.

— Dieu bénira maintenant nos armes,
mon oncle, reprit Bohémond, et comme
toujours vous nous conduirez à la victoire.

— C'est mon plus grand désir, mes enfants, repartit l'inconnu; mais achevez
votre souper, je m'invite à votre festin
d'amis; j'ai quitté Rhége ce matin, et je
viderai volontiers quelques coupes de vin

de Syracuse à la gloire de nos armes et à
la défaite des ennemis.

La joie la plus vive brilla dans tous les
regards à cette proposition si franche du
guerrier célèbre dont le nom seul glaçait
les Sarrasins d'épouvante; car cet homme
n'était autre que l'illustre comte Roger-
Tancrède, celui qui fonda la dynastie normande en Sicile.

Les assiégés tremblèrent quand ils ap-
prirent cette nouvelle : le comte savait
toutes les ruses de la guerre; nul esprit
n'avait plus d'artifices, et les peuples de
l'Orient attribuent à ces sortes de caractères une puissance merveilleuse. Aussi les
Sarrasins s'empressèrent-ils d'accéder à
une proposition de paix passagère que leur
fit faire le comte Roger. Il s'agissait simplement d'une suspension d'armes dont
voici les conditions.

« Les Sarrasins pourront s'embarquer
« aux grèves de Tauromène, d'où ils feront
« voile pour Catane, Syracuse ou l'A-
« frique.

« Les Sarrasins pourront aller par terre,
« si bon leur semble, de Tauromène à
« Catane, en évitant toutefois de passer à
« moins de deux milles de distance du
« camp normand, afin d'épargner des rixes
« inévitables.

« Tout Sarrasin qui par fraude s'appro-
« chera de Messine, ou touchera le sol de
« Calabre, sera mis à mort sur l'heure.

« Les grèves de Tauromène seront li-
« bres.

« Les Normands occuperont leurs dé-
« filés de la Messénie, et conserveront seuls

« le privilége de la mer du côté des Ca-
« labres.

« Les Normands pourront parcourir à
« leur gré les montagnes des Sarrasins
« dans la direction du mont Ghebel
« (l'Etna).

« Tout Normand qui tenterait de s'in-
« troduire dans Tauroménium sera puni
« de mort.

« On donnera des otages, et quiconque
« violera la trève n'aura plus de merci à
« espérer de son ennemi. »

Une révolte avait éclaté en Italie par
suite des intrigues du pape et de l'empereur d'Allemagne. Roger, ne pouvant envoyer sur-le-champ un nouveau corps
d'armée en Sicile afin d'intercepter tous

les défilés, résolut de proposer une suspension d'armes à l'émir de Tauromène, et de repasser en Italie pour châtier les impériaux, se réservant le succès du siége pour le retour, car la possession de Tauromène lui semblait plus que jamais indispensable. C'était la clef de la Sicile africaine, et dès que cette ville serait en son pouvoir, il prévoyait avec raison qu'il lui serait facile de chasser les Sarrasins de Catane, de Syracuse, de Mazzare et de Mars-allah, *le port de Dieu*, seuls points maritimes qui restassent alors en Sicile aux Africains.

Les assiégés, abattus par la famine, acceptèrent le traité avec joie; la trève fut conclue pour deux mois, pendant lesquels ils ravitaillèrent leur ville, et envoyèrent secrètement à Biserte des ambassadeurs afin d'obtenir immédiatement des secours

pour chasser les chrétiens de l'*île heureuse*
dont ils allaient être dépossédés.

Un autre chef fut envoyé à Vittumen,
émiralem de Catane, homme perfide et féroce, dont la puissance s'étendait sur la
ville assiégée, afin qu'il employât toutes
ses ressources d'esprit, et même la force,
si le cas l'exigeait, pour faire entrer d'autres émirs dans la *ligue sacrée;* et pendant
que les Tauroméniens faisaient en secret
de formidables préparatifs de défense, les
Normands, par contraste, donnaient de
brillantes passes d'armes, et le comte Roger quittait le camp dans le plus profond
mystère afin d'entretenir les frayeurs des
Sarrasins, et pour tomber à l'improviste
sur les impériaux d'Allemagne.

pour chasser les chrétiens de l'île nouvelle
dont ils allaient être dépossédés.

Un autre chef fut envoyé à Vittumen,
général de Catane, homme perfide et féroce, dont la puissance s'étendait sur la
ville assiégée, afin qu'il employât toutes
ses ressources d'esprit, et même la force,
si le cas l'exigeait, pour faire entrer d'autres villes dans la ligue sacrée ; et pendant
que les Transylvains faisaient en secret
de formidables préparatifs de défense, les
Hormrais, par contraste, donnaient de
brillantes passes d'armes, et le comte Ro-
parcourait le camp dans le plus profond
mystère afin d'entretenir les faveurs des
Sarrasins, et pour tomber à l'improviste
sur les impériaux d'Allemagne.

———

LA CARAVANE.

Allah, Allah-Kérim ! voici les cavaliers.
Debout, Druses , debout ! songez à bien combattre ,
Chacun aura pour lui chameaux et chameliers ,
Et des filles de Perse et de l'or !...

Comte L. DE CHARNY, *la Caravane.*

III.

III.

A la faveur de la trève, des chefs aussi
habiles qu'audacieux explorèrent les montagnes avec une insouciance simulée, pré-
textant des chasses fréquentes, et se faisant
accompagner, pour écarter tout soupçon,
des quatre otages donnés par l'émir. Les
grands pics qui dominent le Taurus furent tournés, et quoiqu'il y eût une assez

longue distance, les Normands purent
voir néanmoins les jalons qu'il serait ur-
gent d'échelonner à la reprise du siége,
pour intercepter entièrement les commu-
nications, et réduire la ville par la famine ;
car la nature de sa position la mettait, pour
ainsi dire, à l'abri d'un assaut.

Un mois s'était écoulé sans que rien
d'extraordinaire eût lieu, soit dans la ville,
soit dans le camp des chrétiens. Les Sarrasins se dispersaient par les campagnes et
venaient parfois isolément sous les tentes
normandes, afin d'échanger quelques ob-
jets de première nécessité. C'était une
violation de la trève; mais Jourdan et ses
chevaliers méprisaient si fort les Africains
en plaine, qu'ils ne redoutaient guère une
surprise.

Un jour que le soleil était déjà haut à

l'horizon et qu'il s'abaissait rapidement
derrière les montagnes, une faible caravane déboucha des chemins ombreux
d'Acis, et s'avança toute silencieuse à
travers les bosquets d'orangers et de lau-
riers-roses et les champs plantés d'oliviers
que domine la blanche Molà. Cette caravane se composait de cinq personnes : un
vigoureux esclave noir de Nubie courait
à la tête; une jeune femme voilée et un
vieillard suivaient à quelque distance, et
une autre femme voilée et un esclave
chrétien fermaient la marche de ce cortége
peu imposant.

Le vieillard, enveloppé d'une robe bleue
assez mesquine, et la tête couverte d'un
turban blanc, selon l'usage des mahométans pauvres, tournait dans ses doigts les
grains d'ambre de son comboloïo en murmurant quelques prières qu'il interrom-

pait parfois pour remettre sa mule à l'am-
ble; il n'avait point de cimeterre, ni de
masse d'armes suspendue à l'arçon de sa
selle; tout en lui annonçait quelque malheureux marchand ruiné par les guerres.
Cependant, en examinant avec sévérité cet
homme dont l'apparence extérieure semblait si peu belliqueuse, un observateur
aurait deviné des passions profondes sur
ses traits ridés et sombres : un pli singulier
creusait sans cesse son front légèrement
déprimé; ses yeux, petits et noirs, lançaient des éclairs; le dédain et quelque
chose de cruel contractaient sa bouche, et
une longue barbe blanche, pointue et peu
fournie, tombant sur sa poitrine, loin de
lui donner un aspect vénérable, ne servait
qu'à le rendre plus repoussant encore.

La jeune femme voilée était complètement vêtue de blanc, selon la coutume des

Arabes voyageurs; ses vêtements n'avaient rien du luxe habituel des Orientaux, mais son manteau était drapé avec une grâce si exquise qu'il semblait étrange de voir tant d'élégance cachée sous les grossières étoffes destinées à la pauvreté.

Ils venaient d'entrer dans un chemin creux, ou plutôt dans le lit desséché d'un torrent, quand deux archers normands apparurent subitement sur la crête d'une petite colline, et se dirigèrent vers la caravane.

Le vieillard, tout inquiet, ordonna au Nubien de se rapprocher de lui, et tous deux sortirent de dessous leurs robes des épées larges et courtes.

— Si ces maudits veulent nous attaquer, dit-il au Nubien d'une voix sourde, dé-

ploie toute ta force prodigieuse pour
sauver ta maîtresse, mon fidèle Arck.

Le Nubien flatta le cou de son cheval
sans répondre, en signe de soumission.

Ils marchèrent alors sur une seule ligne,
la main à la garde de leurs épées, suivant
toujours le lit du torrent pour éviter le
sentier où les deux archers s'étaient arrê-
tés, et où un seul cheval pouvait passer.
Les Normands, attirés par une simple
curiosité, regardèrent tranquillement s'é-
loigner la silencieuse caravane ; mais le
vieillard, fier de sa majorité, lança sur
eux un regard où se peignait toute la haine
qu'il portait aux chrétiens.

— Le soleil va bientôt disparaître, ma
fille, dit-il après avoir suivi de l'œil un
instant les deux archers ; dans une heure

la nuit tombera, et nous serons encore à
plus de cent stades de Tauromène; mais
cela est conformé à mes désirs, car nous
ne serons pas aperçus du camp des Normands, que je ne veux point voir même
de loin. — Quand je le verrai, Ziza, ajouta-
t-il d'une voix saccadée et féroce, ce sera
de près, et ma main sera armée d'une
torche !

— N'entendez-vous point un cliquetis
d'épées, mon père? s'écria la jeune fille,
qui semblait effrayée.

— Non, repartit le vieillard; et d'ailleurs, à quoi bon toutes ces terreurs? N'y
a-t-il pas une trève solennellement jurée?
Et si quelques-uns de ces chiens affamés
du Nord osaient nous attaquer, n'avons-
nous pas de lourdes épées et la protection
de Mahomet?

— Oui, sans doute, mon père, dit timidement la jeune fille, que la protection
de Mahomet et la faiblesse de la caravane
semblaient rassurer médiocrement.

— Maintenant, reprit-il, nous sommes
sauvés, car il m'a semblé voir disparaître
derrière ces hauts rochers quelques-uns
de nos frères réunis à des chrétiens
maudits, et ils n'oseraient pas se porter
à des violences sous les murailles de
Tauromène.

— Je ne sais quels pressentiments effraient
mon âme, repartit Ziza, mais il me tarde
de me trouver en sûreté dans notre beau
palais.

— Allah ne veut pas toujours que le mal
frappe ceux qui l'aiment, mon enfant. N'es-
tu pas douce et bonne comme la gazelle de

nos déserts? Eh bien! il te préservera de
la rage de ces infâmes, que je voudrais
exterminer tous! — Mais rassure-toi, Ziza,
nos frères les chasseront un jour, et tu
seras princesse de Palerme, la ville heureuse... — Eh bien! tu blâmais hier mon
projet de te faire voyager comme une
pauvre fille du peuple; ne vois-tu pas que
la pauvreté est préservatrice?

—Il est vrai, mon père, que les Normands
ne peuvent guère soupçonner, en vous
voyant une si humble robe, que vous êtes
le redoutable et puissant émir de Catane [1]...

[1] Quand les Normands passèrent en Sicile, Catane
avait pour émir un certain Vittumen, qui, ayant assassiné le beau-frère du prince de Palerme, vint faire soumission à Roger, et lui fit hommage de Catane. Il rendit
de grands services aux Normands, et fut tué par trahison
au siége du castel d'Antiléon. Un chef africain s'empara
aussitôt de Catane, s'y enferma, et prit le nom de Vittu-

— Paix ! s'écria brusquement Vittumen,
j'aperçois au loin une troupe de cavaliers
normands.

Et cédant de nouveau à une inquiétude
poignante, il rassembla autour de lui les
trois esclaves, et la caravane redoubla de
vitesse afin d'arriver en vue de Tauromène
avant que la nuit fût accourue.

A un mille de là peut-être, deux guerriers côtoyaient une petite rivière limpide,
encaissée quelquefois dans un terrain profond, et bordée de larges haies de lauriers
qui miraient dans les eaux leurs feuilles
aiguës et leurs belles fleurs roses, légèrement odorantes. L'Etna s'élevait au fond

men MOUNTEKIM, Vittumen *le Vengeur*. Il fut affreusement cruel pour les Normands.
(*Voy.* LA CHRONIQUE DE ROBERT VISCART.)

du paysage, solennel comme une page du Dante, et grand comme la puissance de Dieu ; plus loin, c'étaient les montagnes de Mola et le Taurus, dont les rochers anguleux et blanchâtres se découpaient sur la ligne azurée de la mer de Grèce avec une netteté admirable, et le soleil, jetant sur cette scène mille rayons empourprés, la rendait splendide de couleur, chaude et harmonieuse comme les toiles divines animées par le grand Claude Lorrain ou Salvator Rosa.

Les deux guerriers, étant parvenus sur le sommet d'un monticule qui dominait cette page enchanteresse, s'arrêtèrent, et, quittant leurs casques, laissèrent voir de mâles physionomies. L'un d'eux avait les cheveux et les yeux noirs, le teint olivâtre et la barbe rousse : on l'appelait Aregot du Puiset ; l'autre avait des manières plus

nobles et annonçait un guerrier du Nord
de race pure. Ses longs cheveux blonds
tombaient en grosses boucles sur son cou
musculeux ; sa lèvre supérieure était ornée
d'une légère moustache blonde, et ses
yeux bleus avaient un charme inexprimable : c'était Jourdan Tancrède, seigneur
de Nety, fils bâtard du comte Roger.

— Avouez, Aregot, dit-il au chevalier
qui l'accompagnait, que cette contrée
merveilleuse mérite bien les dangers que
nous affrontons chaque jour pour nous y
établir en souverains. Cela ne vaut-il pas
mieux mille fois qu'un misérable fief
de haubert dans notre pays de Coutances ?

— Assurément, seigneur, repartit Aregot ; mais je trouve que notre domination
sera chèrement achetée. Cette terre en-

gloutira le plus noble sang de Normandie,
cette patrie éloignée qui nous pleure!
Moi-même ne suis-je pas encore en deuil
de mon pauvre frère si lâchement massacré
par l'émiralem de Catane?

— Nous le vengerons, Aregot, je vous le
jure; et si jamais Vittumen tombe en mes
mains, la trève ne le sauvera pas, je
l'immolerai aux mânes de votre frère et
de ses nombreuses victimes.

— Malheur à quiconque marche dans
sa voie! reprit le seigneur du Puiset. Quand
nous fîmes le siége de Palerme, le prince
Bercaniente nous donna pour otage un
certain Fallacia de Montelargo, un mé-
lange de Grec et de Sarrasin, homme habile et mystérieux, qui avait autrefois servi
Vittumen, et qui, par crainte ou pour
tout autre motif, l'avait abandonné pour

offrir ses services au prince de Palerme,
dont il devint rapidement le premier mi-
nistre. Ce Fallacia nous raconta quelques
particularités de la vie de son ancien maître qui nous glacèrent d'épouvante. Il a
dans les souterrains de son palais de petites cellules fortement grillées où il renferme ses infortunées victimes ; et comme
la mer vient battre les murailles de l'édi-
fice, il ouvre une porte d'eau qui aboutit
aux souterrains, et lentement, par degrés,
il noie les prisonniers des cellules. C'est
ainsi qu'il a fait périr le fils de Bercaniente. Ce prince faisait des préparatifs de
guerre pour aller l'assiéger dans Catane
et venger son fils unique, quand nous
vînmes le déposséder de sa puissance. Mais
j'ai hérité de sa juste vengeance, et je
poursuivrai sans relâche cet homme cruel.
Il est en hostilité continuelle avec Bene-
verte, prince de Syracuse, et il n'a pas

d'ennemis plus acharnés que les émirs de
Mars-allah et de Kasr-iahn [1].

— Je m'associe de grand cœur à votre
vengeance, repartit Jourdan ; et dès que
nous serons maîtres de Tauromène, j'irai
planter ma tente sous les murs de Catane.

— Et mon frère sera vengé! Fallacia
nous raconta encore la mort violente de sa
femme, qu'il étrangla, parce qu'elle avait
soulevé son voile en présence d'un cavalier
more. Ce monstre n'a d'entrailles que
pour un jeune cavalier d'adoption qu'il a
envoyé faire la guerre en Espagne sous les
ordres d'un de ses frères, et pour sa fille

[1] Aujourd'hui Castro-Giovanni, l'antique Enna, la
ville où l'on célébrait les mystères de Cérès Éleusine.

Ziza, qui est, dit-on, la plus admirable beauté de la Sicile.

— Dieu se plaît parfois à jeter une timide gazelle aux griffes du tigre farouche, répliqua Jourdan; mais vous savez ma pensée, Aregot; si je tolère l'extermination de ceux qui ont souillé de sang leur cimeterre, je blâme et punis quiconque maltraite une femme et insulte une faible vierge. La croyance religieuse doit peu importer à des hommes de cœur. Laissons la persécution aux barbares; il vaut mieux inspirer de l'amour aux faibles que de la crainte.

— Oui, dit Aregot d'une voix sombre; mais malheur à l'émiralem de Catane! à l'assassin de mon frère infortuné!

Des cris perçants et multipliés qui reten-

tirent en ce moment dans la plaine arri-
vèrent jusqu'à l'oreille des deux guerriers,
qui saisirent aussitôt leurs masses d'armes,
et se dirigèrent de ce côté de toute la vitesse de leurs chevaux...

LA DÉTRESSE.

A quoi sert la résignation quand la destinée
est fatale?

Comte L. DE CHARNY.

IV.

IV.

La caravane avait à peine quitté le lit
profond du torrent, s'avançant toujours
en silence sous les oliviers, quand un
groupe de soldats normands apparut sur
son passage. L'émiralem, comme toutes
les âmes craintives, eut un frisson rapide
qui fit refluer tout son sang vers son cœur;
il eût bien désiré fuir cette horde armée

et menaçante, peut-être, mais il avait été
aperçu; il résolut de continuer sa marche.

En passant devant eux, le faux marchand croisa ses bras sur sa poitrine et inclina la tête en signe d'humilité; les soldats
se contentèrent de sourire, et l'un d'eux
s'écria en raillant :

— Voilà quelque vieux coquin de trafi-
quant qui s'en va pressurer les Tauroméniens, afin que nous trouvions moins d'or
quand nous prendrons la cité.

— Il va peut-être vendre ces beaux yeux
noirs qui brillent sous les voiles blancs
dont ces femmes sont couvertes, dit un
autre.

— Si nous y regardions? ajouta un Calabrois de Rhége. Ces Sarrasines, pour

être des filles de mécréants, ont quelquefois des figures veloutées comme des pêches
de Catane. Je me souviens qu'au sac de
Mylas il m'en échut deux en partage que
je vendis au bout d'un mois à un vieux
juif de Syracuse pour une épée et la cotte
de mailles que voici; mais, comme les cavaliers de l'empereur me l'ont trouée, je
ne serais pas fâché de la remplacer par
une neuve. Allons, mes amis, sus, sus!

— Paix, par saint Hildebrand! s'écria
un chef subalterne avec autorité, ne vio-
lons pas la trève.

— Quand on corrigerait un peu ce vieux
singe, reprit le Calabrois avec humeur, la
trève pour cela ne serait pas violée. Il me
semble, ami Renard, que les sacs qui sont
sous le moricaud ont sonné singulièrement
quand il a passé.

— Tais-toi, tentateur du diable, et laisse en repos ce vieux Sarrasin.

Pendant cette altercation, la caravane continuait sa marche, et l'âme de chacun de ceux qui la composaient était en proie à un violent effroi. Plus elle avançait dans la direction du camp, et plus on voyait de nombreux groupes de soldats disséminés par la campagne. Enfin, elle entra dans un petit bois qui précédait la plaine des jardins de Tauromène où se trouvaient les Normands [*].

— Puisse le grand prophète nous sauver des mains de ces maudits ! s'écria l'émiralem, qui commençait à respirer. Ah ! si je les avais tous dans ma redoutable Ca-

____

[*] La place où le camp des Normands fut assis se nomme aujourd'hui *la Marina di Giardini.*

tane!... Mais j'y retournerai en barque,
je ne veux pas risquer ma vie pour braver ces chiens.

Il avait à peine achevé ces paroles, qu'il
aperçut, au détour du bois, un parti de cavaliers qui abreuvaient leurs chevaux dans
un gué. La rivière coulait tristement sous
les hauts platanes de la forêt silencieuse,
le lieu était sombre, et le soleil avait complétement disparu de l'horizon.

— Tu attendras bien que nos chevaux
aient bu pour passer, vieux Tartare, dit
un des Normands. Nous prends-tu donc
pour des esclaves?

— Allons, halte, vieille proie de Satan,
ajouta un second cavalier, en le frappant
d'un coup de houssine.

L'émiralem rugit comme un lion, et, oubliant qu'il était le plus faible, il ouvrit sa robe et mit l'épée à la main.

— Ah! mon beau sultan, tu fais le brave, s'écria le cavalier en le désarmant d'un rude coup qu'il lui asséna sur le poignet; tâche donc de ne pas oublier qu'ici, tu n'es pas à l'abri des murailles crénelées de Tauromène.

— Le More a violé la trève! il a tiré son cimeterre du fourreau, s'écrièrent dix voix furieuses; accrochons-le à un arbre.

— Ne bouge pas, toi, vilain noir, dirent-ils au Nubien qui se disposait à combattre, car ta tête irait engraisser les poissons de la mer de ton pays.

— Allons, Robert, une corde, vite une

corde pour faire danser en plein air ce vieux mécréant.

Et joignant l'effet aux menaces, ils se saisirent avec rudesse de l'émiralem.

— Mes braves chevaliers, s'écria Ziza éperdue, soyez humains, respectez la trève! grâce, grâce pour mon père! pour un infortuné vieillard qui a voulu défendre sa fille!

— Ah! vous parlez la langue franke, ma belle, dit un soldat grossier de la Capitanate; tant mieux, cela prouve votre bon goût, et nous vous entendrons; mais les Frankes ne se cachent pas le visage, d'ordinaire, et nous allons voir vos beaux yeux, s'il vous plaît, ou même s'il ne vous plaît pas.

Ziza poussa un cri perçant, et fit reculer sa mule. Vittumen, furieux, voulut se précipiter sur le soldat; mais on l'entoura de nouveau, lui et ses esclaves, et le Capitanate déchira le voile de la jeune Sarrasine.

— Chiens! chiens infâmes! hurlait l'émiralem, en écumant de rage. Que ne suis-je libre et le cimeterre à la main! vous êtes une race de brigands! une race de chiens!

— Qu'est-ce que tu marmottes, vieil âne d'infidèle? dit un soldat en le frappant.

— J'irai demander justice au grand Robert Guiscard, s'écria Ziza avec dignité, en essayant de rajuster son voile; j'irai me jeter aux pieds de votre prince, aux pieds du brave comte de Nety, votre illustre général ; nous verrons s'il souffrira qu'on attente au droit sacré des gens, qu'on viole une trève qu'il a proposée à nos émirs ! Vous n'êtes ni des chevaliers normands, ni des chrétiens, car les chevaliers normands protégent les femmes qui sont trop faibles pour porter des armes, et les chrétiens gardent la foi qu'ils ont jurée !...

— Voilà, vraiment, un discours d'archedyacone, et des plus pathétiques, reprit le soldat de la Capitanate en raillant ; mais il n'empêchera pas que je baise vos grands yeux noirs, ma belle !

— Ne m'approchez pas, homme grossier, reprit Ziza hors d'elle-même, car il voulait joindre l'effet à la menace ; laissez-moi ! Vous êtes des infâmes !...

Un grand bruit se fit entendre, quelques hommes accouraient.

— Qui que vous soyez, sauvez des infortunés, s'écria Ziza en invoquant les nouveaux venus; loin de respecter la suspension d'armes, on nous fait violence.

— Ah! vous avez aussi arrêté le mécréant, dit le Calabrois qui arrivait du défilé, guidé par l'amour du gain; par saint Janvier! c'est une heureuse idée : Renard le Normand, avec ses scrupules d'outre-mer, m'a retenu là-bas, mais il n'y a rien de perdu.

— Je crois que ce beau satrape nous dit des injures dans sa langue de grimoire, dit un Salernitain.

— La corde! la corde! criait le Capitanate.

— Non, non, amis, dit le Calabrois,
c'est un vieux richard de juif; j'ai enten‑
du sonner de l'or dans les sacs de l'esclave
noir. A sac, à sac, mes amis; quant à moi,
je ne vous demande que ces deux filles; je
suis modeste.

— Nous sommes perdus, dit Ziza en
langue arabe; il n'y a plus qu'à mou‑
rir.

Cette horde turbulente allait se porter
aux derniers excès, quand l'arrivée subite
d'Aregot et du comte de Nety vint faire
changer la scène.

— Ah! voici enfin des chevaliers nor‑
mands, s'écria la jeune fille avec l'accent
d'une joie profonde. Chevaliers, nobles
chevaliers, ayez pitié d'un vieillard et de
deux femmes sans défense!

— Misérables ! dit Jourdan avec fureur
aux soldats ; est-ce ainsi qu'on doit faire la
guerre ? Toi ici, infâme Capitanate ! je m'ex-
plique alors ces violences : retournez au
camp avec ces soldats grossiers, Aregot, et
je prononcerai demain sur leur sort.

Les soldats, pour la plupart étrangers à
la Normandie, devinrent confus à la voix
menaçante de leur chef, et ils s'éloignè-
rent la tête baissée, redoutant les consé-
quences de leur lâche conduite.

L'émiralem jetait de sombres regards
sur Jourdan, comme un homme dont le
cœur est gonflé de fureur, tandis que les
deux esclaves et les jeunes filles le bénis-
saient de sa grandeur d'âme et de sa générosité.

La caravane se remit en marche.

— Je ne sais si jamais il nous sera possible de nous acquitter envers vous, seigneur chevalier, dit timidement Ziza au comte de Néty; mon père vous doit la vie, et moi, sans doute, je vous dois plus encore! Mais si dans l'avenir les mauvaises chances de la guerre vous jetaient entre nos mains, croyez bien, seigneur, que j'emploierais pour vous sauver la faible puissance que Dieu m'a départie; et si, comme je le crois, la fortune continue de nous traiter en ennemis, comme elle l'a fait depuis six années, eh bien, mes prières, pour éloigner de vous le péril, vous suivront au milieu des mêlées sanglantes.

Il se mouvaient alors un vue de quelque

— Qui donc êtes-vous, jeune fille ? reprit Jourdan fortement ému et intéressé par la voix harmonieuse et touchante de Ziza. Vous parlez la langue franke avec une pureté dont bien des

châtelaines du Nord pourraient s'enor-
gueillir.

— Le mensonge est le premier pas dans
le vice, répondit-elle avec une ingénuité
charmante; aussi je ne veux point qu'il
souille mes lèvres. Ne soyez donc pas éton-
né, seigneur, si je sais vos usages et le langage de votre pays; cette esclave que vous
voyez est chrétienne; c'est ma compagne
et ma sœur, car je l'aime!... et... ma condition est plus élevée que ces vêtements et
cette humble escorte n'ont pu d'abord vous
le faire supposer.

Ils se trouvaient alors en vue du camp;
Ziza ne put dissimuler l'inquiétude à laquelle elle était en proie. A chaque instant
elle abaissait ses regards sur les tentes et
sur la tumultueuse enceinte, et les reportait ensuite vers le beau et jeune comte,

qu'elle semblait supplier, pour ainsi dire, afin qu'il lui servît encore de sauvegarde.

— Voici votre camp, seigneur, reprit-elle ; peut-être que l'heure avancée du soir y exige votre présence. Mais croyez - vous, sire chevalier, que d'ici à Tauromène aucun danger de la nature de celui que j'ai encouru...

— Ah ! s'écria Jourdan en l'interrompant, vous me rendez honteux de commander à de pareils hommes ! Mais rassurez-vous, noble dame, c'est moi qui serai votre guide ; je le désire... si vous le voulez toutefois, ajouta-t-il d'une voix émue.

— Si je le veux ! dit-elle avec plus d'émotion encore, en soulevant un pan de son voile, et en élevant vers lui ses yeux qui brillaient d'une expression admirable ; ah !

n'avez-vous pas été pour moi comme un envoyé du prophète ? Qui sait si un cavalier more aurait agi si noblement envers votre sœur ?

Le comte de Nety ne répondit pas. Il était absorbé dans une rêverie profonde ; fasciné par l'éblouissante beauté de Ziza, le jeune guerrier ne songeait plus qu'à ces longs yeux noirs pleins de feu, à cette physionomie spirituelle et empreinte d'une douceur extraordinaire.

— Que votre religion est affreuse ! s'écria tout à coup Nety, en la voyant rajuster son voile ; si Dieu vous a donné la beauté de ses anges, pourquoi l'ensevelir ainsi sous la soie ?

Ziza rougit en laissant errer sur ses lè-

vres un gracieux sourire, mais elle demeura
silencieuse.

— Laissez-moi vous admirer encore, reprit l'enthousiaste chevalier, laissez-moi
revoir ces traits enchanteurs ; faites qu'ils
se gravent dans ma mémoire, afin que je
puisse vous arracher au péril si jamais vous
vous trouviez au milieu d'une ville au pillage !

— Ah ! c'est une affreuse chose à laquelle
je serai chaque jour exposée, pensa la jeune
Sarrasine avec effroi.

— Que te dit donc ce guerrier dans son
langage maudit, Ziza ? murmura Vittumen
en s'approchant tout près de sa fille.

— Il me parle des horreurs d'une ville
assiégée, mon père.

— Tauromène est à l'abri de leurs armes, reprit-il orgueilleusement; et avant un mois, mon frère de Biserte aura envoyé ses cavaliers, et moi je viendrai les attaquer par mer avec mes grandes galères, ces infâmes chrétiens ! Je les exterminerai tous. Ah ! si tu n'étais ici, la tête de ce chef ornerait ce soir les murailles de mon palais.

— Mon père, mon père, cette pensée-là est un crime atroce ! s'écria Ziza avec épouvante; chassez-la de votre esprit, car je crois que j'aurais le courage de prendre parti contre vous pour ce brave chevalier qui a peut-être exposé sa vie pour sauver la nôtre. Ah ! mon père, vous oubliez déjà qu'il a sauvé l'honneur de votre fille unique.

Et, sous son voile, en songeant au terrible caractère de Vittumen, la pauvre Syrienne versa d'amères larmes en abondance.

— Votre père semble avoir de l'effroi, noble Sarrasine, reprit le comte de Nety; dites-lui que tant que je serai près de vous, je défendrai ses jours et les vôtres au mépris des miens.

— Quel noble cœur! et que mon père est cruel! pensa-t-elle au fond de son âme.

— Vous arrêtez-vous à Tauromène? dit Nety avec inquiétude.

— Oui, seigneur, repartit Ziza. Mon père a pensé que la position forte de cette ville serait pour moi un asile plus sûr que Catane, qui est ma résidence; et, comme toujours, je me suis soumise à ses désirs, qui sont des ordres. Mais à quoi sert la résignation quand la destinée est fatale? Qui sait si je ne retomberai pas bientôt au milieu d'une soldatesque effrénée, exposée

aux plus indignes outrages! — Et j'en ai
le pressentiment funeste; car, malgré la
bravoure de nos guerriers, vous nous
chassez pied à pied de cette terre heureuse.

— Tant que je commanderai un parti
de cavaliers, gracieuse étrangère, s'écria
Nety avec enthousiasme, nul soldat ne
souillera plus votre voile de jeune fille!...

— Merci, merci, noble chevalier; je suis
touchée jusqu'aux larmes d'un dévouement
pareil pour une infortunée, — pauvre fleur
du désert transplantée sous ce beau ciel!
Ah! si jamais je retourne au pays de mes
pères, dans mes montagnes blanches de la
Syrie, votre souvenir m'accompagnera
comme une pensée... qu'on ne doit pas
oublier... Mais, ajouta-t-elle d'une voix
timide après un instant d'hésitation, quel
est votre nom, chevalier, afin que je le

dise aux poëtes de ma tribu, pour qu'ils le
célèbrent dans leurs chants harmonieux...?
Dites-le-moi, seigneur, car ce serait rendre
incomplète la noble action que vous avez
faite.

Et le noble guerrier répondit d'un ton
presque insouciant, tant il y avait en lui de
modestie:

— On m'appelle Jourdan Tancrède,
comte de Nety.

— Le comte de Nety! répéta Ziza avec
un juste sentiment d'orgueil, le fils de
l'illustre Roger! le plus vaillant de nos
ennemis!... Dieu, je le vois, ne m'a pas
encore abandonnée, seigneur de Nety,
puisqu'il a remis mon sort en vos mains.
Soyez à tout jamais béni, brave guerrier;
il est beau à un chef célèbre de tirer son

glaive du fourreau pour défendre les aban-
donnés!

— Mais vous, jeune étrangère, reprit
Jourdan, ému de plus en plus par la conversation de Ziza, conserverez-vous envers
moi cette conduite mystérieuse?

Ils arrivaient alors aux grèves de Tauromène; la terre n'était plus éclairée que par
un faible crépuscule; un grand nombre
de Sarrasins marchaient dans la plaine,
regagnant le défilé. La caravane était
sauvée.

Mais malgré sa force prodigieuse et son
extrême bravoure, il n'était pas prudent
au comte normand de tarder davantage au
milieu d'une horde d'Arabes fanatiques,
surtout aux approches de la nuit. Alors la
noble et belle Ziza se tourna vers Jourdan

en lui disant avec l'accent d'une tristesse
profonde :

— Seigneur, nul n'échappe à son destin ;
il faut accepter souvent une condition
mauvaise quand elle vient de Dieu. Pensez
quelquefois à moi avec calme et pitié, sans
me maudire, car j'ai fait aussi quelques
bonnes œuvres, et je ne connais pas le
mal ; j'ai sauvé la vie à trois de vos guerriers... et, ajouta-t-elle à demi-voix, je
suis Ziza, la fille du redoutable émiralem
de Catane.

— La fille de Vittumen ! s'écria Jourdan
avec fureur en portant la main à la garde
de son épée. J'ai promis à mon frère d'armes la mort de cet émir !...

— Seigneur de Nety, dit Ziza toute sup-
pliante, cet émir, c'est mon père !

— Que Dieu vous garde ! repartit Jourdan d'une voix sombre.

Ziza, plus qu'une autre, gémissait de l'horrible renommée de son père, et ce fut pour elle un instant plein d'angoisse que celui qui lui montra Nety, son sauveur, prêt à le frapper de son épée.

—Adieu, noble comte, lui dit-elle en essuyant des larmes ; rejoignez votre camp, car voici des Sarrasins qui murmurent.

— Sous vos yeux, belle Ziza, je les défierais tous !

— Non, non, seigneur, pas de sacrifice inutile. Mais, pour moi, retirez-vous, je vous en supplie.

Et par une feinte maladresse elle laissa

glisser son voile et découvrit entièrement
ses traits admirables aux yeux du chevalier.

— Adieu , noble comte de Nety, reprit-
elle ; il se peut que vous m'oubliiez vite ;
mais du moins que ce ne soit pas par
mépris de ma race malheureuse !

Puis, frappant sa mule au cou avec un
aiguillon de fer, elle s'élança au galop
vers le défilé, suivie par les esclaves et par
son père, qui ne daigna pas même adresser
un regard au célèbre guerrier normand.

— Ziza, s'écria Nety en rejoignant son
camp , la plus belle et la plus douce des
femmes ! —Ziza, la fille du féroce émiralem
de Catane ! Ah ! je l'arracherai des mains
de cet homme impitoyable, ou je mourrai !

glisser son voile et découvrit entièrement
ses traits! J'abuse... vos yeux qui charm-

— Adieu, noble comte de Néry, reprit-
elle, il se peut que vous m'oubliez vite;
mais du moins que ce ne soit pas par
mépris de ma race malheureuse!

Néry, frappant sa main... avec un
... de fer, elle s'échappa au galop
... le défilé, suivie par ses esclaves et par
sa jeur qui ne daigna pas même adresser
un regard au célèbre guerrier normand.

— Dieu! cria la Néry en rejoignant son
camp, la plus belle et la plus... dans des
femmes! — Dieu, la fille du... chrétien
de Catane! Ah! je l'arracherai des mains
de cet homme impitoyable, ou je mourrai!

LA CASA SARACINA.

.... Quand je revins de l'Ionie, j'aperçus ses arcades élégantes et son ensemble gracieux, et je saluai ce palais avec autant de joie que si c'eût été un des phares de la côte de France, notre France si belle que tout l'univers envie, et que ses tristes enfants exilés regrettent toujours !...

Comte L. DE CHARNY, *Le Voyageur*.

V.

V.

Vittumen possédait un petit palais admirable à Tauromène, où il se rendait parfois lorsque le sirocco, accourant du fond de la Libye, exhalait sa brûlante haleine sur la Sicile et rendait l'atmosphère de Catane insupportable. Ce palais était embelli par toutes les recherches du luxe moresque, de ce luxe inouï qu'on retrouve

dans la *plaine d'or* de Palerme, à la Ziza
merveilleuse, et dont les édifices de Gre-
nade et de Cordoue peuvent donner encore
une juste idée, considérés du point de vue
de l'art architectural [1]. Ce fut là que Vittumen conduisit sa fille, le seul être humain
ou à peu près le seul qu'il affectionnât
quelque peu, et dont il ne fût pas exécré.

Vittumen alla voir l'émir de Tauromène,
qui relevait de sa puissance, et après une
longue conférence secrète, qui se prolongea
fort avant dans la nuit, l'émiralem revint à
son palais avec *un homme* qu'il y établit ;
et le lendemain, il partit au lever du soleil

[1] La Ziza est un ravissant *calata* moresque, situé dans
la plaine de Palerme, en allant vers Carini ; il fut bâti par
un émir, pour sa fille, qui s'appelait Ziza, et ce nom lui
est resté.

(Voir mon *Voyage en Sicile, Un an sur les
Chemins*, tome Ier.)

pour Catane, sur une longue barque légère, dont les voiles ressemblaient aux
ailes d'un faucon.

A dater de cette heure, Ziza fut moins
malheureuse ; elle était délivrée de son
père, ce tyran odieux qui lui avait ravi
une mère adorée, — et la souffrance qu'on
ressent d'un événement funeste se double
quand on est forcé de vivre avec ceux qui
ont causé nos douleurs !

Ziza demeura plusieurs jours sans sortir
de sa belle demeure ; sa vie n'avait jamais
été semée de roses et de nénuphars, selon
l'expression des poëtes arabes, pour exprimer le bonheur ; et les événements qui venaient de se passer l'avaient de plus en
plus attristée. Elle se promenait dans son
jardin solitaire avec Lucrecia , l'esclave
chrétienne dont elle avait fait sa favorite,

et qu'elle aimait aussi tendrement qu'une sœur ; ou bien elles restaient de longues heures dans une galerie qui dominait la muraille au-dessus d'un ravin profond, et d'où l'on voyait glisser les vaisseaux qui faisaient voile pour la Grèce ou pour la mer de Syrie [1].

— Sans cette tristesse qui me pèse si fort, et dont je ne puis me rendre compte, disait la gracieuse enfant, il me semble que je serais presque heureuse ici, ma bonne Lucrecia. Nous sommes au moins maîtresses de nos actions, et je ne rencontre plus ces vilains eunuques noirs qui encombraient le palais de mon père à Catane. Arek et le vieux Paul me sont dévoués jusqu'à se faire massacrer à ma voix, si je l'ordonnais ; il n'y a que ce Fallacia

[1] Le palais de l'émir s'appelle encore aujourd'hui *la casa Saracina*, la maison Sarrasine.

Montelargo qui me chagrine dans mon palais : cet homme a un visage effrayant de fausseté, malgré toute la bonhomie apparente de ses continuels sourires.

L'émiralem de Catane avait retrouvé son ancien serviteur auprès du gouverneur de Tauromène, et comme il lui était nécessaire dans le palais de sa fille, il l'avait décidé par de magnifiques promesses à lui servir d'espion auprès d'elle.

Fallacia parut tout à coup devant les deux jeunes filles, et il mit aux pieds de Ziza une boîte, soigneusement fermée, qu'un mendiant de la cité venait de déposer au palais pour sa maîtresse.

Toute la personne de ce Fallacia formait un type bizarre. C'était un homme de très-haute taille, légèrement courbé, plutôt par

male tenue que par les années ; son extrême
maigreur semblait percer sous l'ample
robe azurée dont il s'affublait négligemment. Né à Rhodes, son origine gréco-
sarrasine se dévoilait sur son long et pâle
visage, sur ses traits fortement prononcés,
et dans ses yeux d'une couleur douteuse.
Un singulier sourire semblait s'être in-
crusté sur ses lèvres minces et ridées, et
l'esclavage avait tellement dégradé cet
homme bizarre, qu'il s'inclinait aussi bien
devant un soldat de cohorte que devant
les émiralems des grandes cités.

— Si c'est votre bon plaisir, gracieuse
sultane, dit-il d'une voix mielleuse, je bri-
serai les liens qui entourent cette boîte
apportée ici d'une manière si mystérieuse.
Cela peut recéler quelque embûche.

— Que votre seigneurie ne redoute rien

pour moi, reprit Ziza malicieusement; ma vie s'est tellement écoulée dans l'ombre et loin de ce pays, que je ne puis avoir d'ennemis dangereux.

— Mais songez, belle sultane, repartit l'officieux Fallacia que cette boîte intriguait fortement, songez qu'on a vu des accidents déplorables... Il y a des poisons si subtils!

— Hé bien! je la jetterai au feu sans l'ouvrir, s'écria-t-elle avec vivacité.

— Mais si cela était important, gracieuse sultane? dit-il avec appréhension.

— Ne vous inquiétez pas davantage, obligeant seigneur Fallacia de Montelargo; je ne l'ouvrirai pas moi-même, et je la

ferai briser si bon me semble : laissez-
nous.

— Les ordres formels du redoutable
émir votre père, puisque Votre Grandeur
me force à le lui dire, sont que rien ne
doit vous être remis que par mes mains;
et son courroux est de nature à ne point le
braver, vous ne l'ignorez pas.

— Suis-je donc ici prisonnière? s'écria-
t-elle avec indignation, et mon père a-t-il
assez peu de confiance en moi pour vous
ériger en geôlier? ou bien vous arrogez-
vous de plein gré ce titre? Songez, seigneur Fallacia de Montelargo, que je ne
suis pas d'une nature d'esclave, et que la
soumission m'est inconnue envers des gens
qui rampent! Sortez, sortez! vous dis-je.

Fallacia s'inclina selon sa coutume, et

se disposait à remporter la boîte ; mais Ziza le prévint, et frappant fortement dans ses mains, Arck, le vigoureux esclave, qui ne quittait jamais la porte de la galerie, accourut sur-le-champ.

— Prends cette boîte, mon Nubien fidèle, et conserve-la-moi jusqu'à l'heure à laquelle je te la demanderai.

Arck lança un regard farouche sur le Grec, qui s'en alla ronger au loin son humiliation et préparer sa vengeance.

Deux jours après, l'émiralem de Catane enrichit la demeure de Ziza d'une vieille esclave et de quatre eunuques noirs, sur la demande expresse du seigneur Montelargo.

Ziza, qui redoutait le caractère odieux

de son père, vit bien qu'en s'aliénant l'esprit de Fallacia, elle perdrait peut-être
de plus en plus l'apparente liberté qu'elle
s'était promise. Elle résolut de séduire cet
homme, et pour cela elle le prit un jour
sans témoins.

— Seigneur Fallacia, lui dit-elle, vous
êtes pauvre, je le sais; les guerres et les
exactions des étrangers ont causé votre
ruine, et vous cherchez, ce qui est fort
louable, à refaire votre fortune. Je voudrais, pour ma part, y contribuer puissamment : plus qu'une autre, peut-être,
cela est en mon pouvoir; mais croyez-
vous qu'en agissant comme vous le faites,
en dénonçant mes actions à mon père, et
en voulant descendre jusqu'au fond de
mon âme, croyez-vous que cela puisse me
déterminer en votre faveur?... Vous êtes
un vieil officier de notre maison, vous

avez connu ma mère, vous! Le souvenir
de cette mère adorée s'est-il donc effacé
de votre mémoire, seigneur Fallacia? elle
était bien bonne pour vous, cependant!...
et je vois encore votre physionomie empreinte de terreur et d'angoisse quand, à
l'heure fatale où elle me fut ravie, vous
me teniez dans vos bras... quand tous
deux nous entendîmes ses cris étouffés,
ses prières impuissantes, sa respiration
effrayante qu'on refoulait dans sa poïtrine!
Ah! ce furent des instants d'un affreux
supplice... et alors vous cherchiez à me
consoler, Fallacia! Depuis ce temps j'ai été
malheureuse, mes jours se sont écoulés
dans la tristesse et dans les larmes, et
quand je croyais jouir d'une ombre de liberté avec ma Lucrecia chérie, vous vous
abaissez jusqu'à devenir l'instrument des
odieuses tyrannies du meurtrier de ma
mère!...

Croyant voir briller une larme sous la paupière de son ancien serviteur, elle poursuivit :

— Ne serait-il pas plus noble à vous de me protéger au lieu de me nuire? Mon père est courbé par l'âge, et le malheur des temps peut à chaque heure lui être fatal. Moi, je suis bien jeune encore, Fallacia; je puis devenir la compagne d'un puissant émir; et, alors, croyez-vous qu'une compensation puisse être établie? Ne voyez-vous pas qu'il est en mon pouvoir de faire pencher la balance?

Et pour ajouter à ses paroles, Ziza fit présent à cet homme d'un diamant de deux mille sultanins d'or. Le soir même, sous le plus léger prétexte, Fallacia trouva un moyen habile pour débarrasser sa sultane des eunuques et de la vieille esclave.

— Puisque cet homme est si facile à séduire, pensa l'esclave chrétienne, quand
les circonstances deviendront par trop difficiles, nous pourrons bien sûrement l'employer pour recouvrer notre liberté.

Mais la malheureuse Lucrecia, dont la
vie était si pleine de larmes, ne savait pas
tout ce qu'il y avait d'atroce au fond de
l'âme de ce misérable qui devait un jour
lui être si fatal !...

[illegible]
[illegible]
[illegible]
[illegible]
[illegible]

[illegible]
[illegible]
[illegible]
[illegible]

L'AMOUR.

... L'amour, c'est la voix qui parle au fond de l'âme ;
C'est le bonheur pour soi — le secret qu'on chérit.
C'est la lueur infime empruntée à la flamme
Du céleste foyer que Dieu seul appauvrit.

Comte L. DE CHARNY, à Minna.

VI.

Depuis son entrée à Tauromène, Ziza
sentait au fond de son âme une chose inconnue, une flamme intérieure qui la
dévorait, un mal qu'elle croyait inguéris-
sable. Le cœur candide d'une jeune vierge
s'alarme vivement dans une solitude profonde, et bien souvent il s'exagère le sentiment de sa douleur. La ravissante fille

de Syrie songeait sans cesse au comte de
Nety, et cherchait en vain à bannir de son
esprit l'image séduisante du noble guerrier
qui l'avait sauvée. Tout le rappelait à sa
pensée, tout le lui montrait entouré de
prestiges, — elle l'aimait !

— Voilà donc l'amour ! se disait-elle avec
effroi ; voilà donc ce que les poëtes de
mon pays placent au premier rang des félicités de la terre ! Tristes et trompeuses
images ! C'est pour moi, je le sens, une
douleur à ajouter à mes douleurs, un rêve
cruel à mes espérances détruites ! Ah ! oui,
je le conçois, l'amour est un songe de
fleurs, une ombre de réalité enchanteresse
quand deux tendres âmes sont unies,
quand elles sont sans cesse en présence,
quand l'un l'autre on n'a d'autre horizon
que des yeux toujours souriants et hu-
mides de pleurs de joie. Mais moi, moi

qui suis d'une race que les chrétiens mau-
dissent, moi qui ne suis qu'une fille ob-
scure, à demi prisonnière dans une ville
assiégée, moi je dois être affreusement malheureuse dans l'avenir, car j'aime l'ennemi
de ma tribu, l'ennemi de mon père, et cet
homme est l'illustre chef des chrétiens !

Cependant, elle ne pouvait se résoudre
à oublier le guerrier normand; elle se
rappelait la galanterie chevaleresque qu'il
lui avait prodiguée, et combien il s'était
empressé à lui plaire; et tantôt désolée, et
tantôt joyeuse, elle flottait dans un océan
d'incertitudes.

Mais combien sa surprise fut grande
quand elle eut fait ouvrir la cassette mystérieuse par Lucrecia, et qu'elle y trouva une
magnifique robe de samis violet, brodé
d'or, avec une gracieuse lettre du seigneur

de Nety, dans laquelle il lui révélait la passion profonde qui le dévorait !

Le premier instant fut consacré à une joie pleine d'extase ; mais bientôt la réflexion, ce regard glacé des vieillards, survint et amena le doute et la tristesse :

— Il m'aime aussi, lui, disait-elle, il m'aime ! Et qui sait si demain il ne succombera pas sous quelque odieuse perfidie ! Qui sait si en faisant la conquête de la Sicile il ne forcera pas *mon maître* à retourner au pays de ses pères, et à m'emmener avec lui, moi, pauvre colombe brisée, sans force et sans volonté devant cette puissance de fer ! Ah ! que nos deux destinées sont fatales !

Lucrecia et Montelargo entrèrent en ce moment chez Ziza, et vinrent l'arracher à sa mélancolie. Lucrecia était une belle Ligurienne, enlevée à l'âge de seize ans, sur le rivage d'Albenga, dans le golfe de Gênes, et, après un concours de circonstances inouïes, elle fut amenée à Catane. Pour son bonheur, elle avait plu à Ziza, qui lui avait épargné le déshonneur des harems en la prenant pour favorite : en vain sa liberté lui avait été offerte; l'amitié, plus encore que la reconnaissance, l'attachait à la jeune Sarrasine; et d'ailleurs la fatalité avait tellement torturé cette jeune fille, dont l'histoire était lamentable, qu'elle préférait maintenant à toutes choses un peu de calme auprès de sa belle maîtresse et amie.

—Si votre grandeur aime les jeux chevaleresques, dit Montelargo à Ziza, après le milieu du jour, les chevaliers normands donneront une grande joute sur l'eau qu'on

verra facilement des ruines du théâtre;
j'engage votre grandeur à s'y rendre; il
me semble que ce ne sera pas sans intérêt
pour elle.

— Merci! bon Fallacia, merci! j'en pro-
fiterai peut-être , car aujourd'hui ma
solitude me pèse : le ciel est si pur et
si beau que je veux aller m'épanouir au
soleil.

Ziza, par un caprice bien naturel à une
jeune femme, voulut se parer de la robe
éclatante qu'elle avait reçue du comte. Un
présent, quel qu'il soit, a tant d'attraits
quand il vient d'une personne aimée !...
Elle se fit splendidement belle ; ce n'étaient
que perles et pierres précieuses sur ses
épaules et sur ses riches vêtements; elle
avait des bracelets d'une valeur inestima-
ble, et son voile, tissu léger et soyeux

vènu des rivages du Gange, était semé d'escarboucles et d'abeilles d'or.

Quand elle fut parée avec cette magnificence de sultane, elle quitta son palais suivie de Lucrecia et précédée par le Nubien armé d'un cimeterre, qui la conduisit à travers les rues étroites de Tauromène. Elle examina curieusement cette cité que la famine et les guerres avaient si longtemps désolée! Partout des ruines! là des restes de portiques grecs, des temples romains convertis en mosquées, des palais byzantins à côté des bouges grossiers des Goths et des Ostrogoths. La grandeur assimilée à la décadence, le luxe à la misère, l'art sublime à la barbarie! et des vieillards hâves, encore affamés malgré la trève, et des enfants déguenillés accouraient au-devant de Ziza, dont le luxe semblait insultant en face de tant de détresse.

Aussi la gracieuse Sarrasine distribua-t-
elle à ce monde de malheureux tout ce
que sa bourse contenait de croissants d'ar-
gent et de sultanins[1].

Elle arriva au théâtre, et, s'asseyant sur
le fût d'une des colonnes du proscénium,
elle porta ses regards sur la scène sublime
que Dieu, dans sa bonté infinie, a dé-
roulée aux mortels des sommets du Taurus. Le théâtre était encore, à cette époque reculée, d'une admirable conservation
et d'une richesse étonnante. Le Propylée,
formé de colonnes de porphyre, de brèche
d'agate et de brèche africaine, était debout
dominant la mer de Grèce; l'attique seul
en avait disparu. Les revêtements de la

---

[1] Monnaies sarrasines alors en circulation. Il y avait
des *demi-zoltanis* qui valaient vingt aspres, environ cinq
francs dix sous.

brique en marbre éblouissant de Paros
et de Carrare résistaient aussi aux ré-
volutions du temps et des hommes ;
mais les Sarrasins devaient commencer
la destruction pour orner leurs palais,
et plus tard les Normands l'achevèrent,
poussés qu'ils étaient par le fanatisme religieux [1].

La jeune sultane était admirable à voir,
assise avec sa compagne sur cette colonne
solitaire. Les rayons du soleil, frappant
sur les précieuses parures dont elle était

[1] Guillaume II, roi d'une haute piété, fit édifier en
Sicile un assez grand nombre d'églises; et comme on suivait alors les traditions luxueuses des Byzantins, il fit dépouiller de leurs richesses les merveilleux temples païens,
et Catane et surtout Messine profitèrent des restes splendides de Tauromène. La plus grande partie de tout cela
fut depuis engloutie ou mutilée par les nombreux trem-
blements qui ont désolé la Sicile.

couverte, semblaient l'entourer d'une gloire
éblouissante, comme dans l'antiquité poétique, quand les prêtres, au rivage de
l'Inde, faisaient apparaître au peuple, dans
leurs cérémonies mystérieuses, la belle
fiancée du soleil. Tous les habitants de
Tauromène, réunis sur leurs remparts et
au-dessous de la pointe avancée du théâtre,
firent retentir l'air d'un murmure admi-
rateur et la saluèrent comme une des di-
vinités de leurs sept ciels !

— N'est-ce pas qu'il est bien doux au
cœur d'être ainsi aimée de tout un peuple?
dit Lucrecia.

— Oh! sans doute, répéta Ziza tristement, mais je n'ambitionne que l'amour
d'un seul ; ces acclamations sont moins
pour moi que pour ma parure, et s'il savait, ce peuple, qu'elle vient du comte de

Nety, ses cris de joie et cette tendresse dé-
monstrative se changeraient tout à coup en
rugissements furieux. Mais que les barques
tardent à venir !

Mille pensées roulaient dans son esprit
et en faisaient surgir une impatience cruelle.
L'amour, sous le ciel d'Orient, a une acti-
vité bien autrement dévorante que dans
notre froide et brumeuse atmosphère du
Nord. La passion de Ziza, que les obstacles
agrandissaient d'heure en heure, ressemblait au soulèvement gracieux et peu ap-
parent de la vague qu'apporte la haute
mer, qui, à mesure qu'elle s'approche des
récifs amoncelés près des grèves, perd de
son élégance et de sa douce harmonie pour
s'élever, s'accroître, se grossir, et de vague
molle, lente et amoureuse, devenir tout à
coup flot impétueux, brisant dans ses
masses d'écume les galets blanchis du ri-

vage. Sa passion à elle brisait son cœur qui
avait déjà tant souffert!

L'amour n'a nulle affinité avec les autres sentiments qui nous animent. C'est un
jet éblouissant qui apporte instantanément
la lumière. Les liens qui s'établissent entre
deux âmes après de longues années de
rapports ou d'une légère intimité n'ont
rien de ces lueurs divines, de ces tendres
sympathies et de ces transports passionnés
qui saisissent une vie et la courbent toute
flétrie après des circonstances cruelles, ou
l'élèvent à tout jamais dans une sphère
enchanteresse.

L'amour de Ziza était venu comme naît
une pensée. Abattue par une sorte de fatalité, devenue la proie d'une soldatesque
effrénée qui souvent ne reconnaît nulle
voix puissante, elle avait ouvert son cœur

à celui qui l'avait sauvée aux dépens de
ses jours. Et rien ne séduit autant la femme
que le courage et la grandeur d'âme ! et
nulle passion n'est plus forte et plus rapide
que celle qui s'élève en affrontant de sem-
blables dangers; un instant d'angoisse res-
senti et partagé par deux cœurs, une même
appréhension, une pareille souffrance, une
larme simultanément effacée, unissent plus
vite et plus fortement que de longues années de calme et de plaisirs qui s'écoule-
raient dans l'uniformité d'une vie heureuse.

Peu à peu, à force d'arrêter ses beaux
yeux noirs sur les vagues d'azur où glis-
saient déjà quelques frêles barques normandes, Ziza, dont l'âme était très-
impressionnable et toute poétique, s'a-
bandonna aux tendances rêveuses de son
esprit, et elle chanta tristement, ou plutôt

elle murmura en arabe ce chant des belles
montagnes de la Syrie.

I.

Que la nature est belle, et calme, et riche et variée !
Nos monts violacés et blancs, nos grands caroubiers
verts, notre arbre sacré des caravanes, tout cela se dé-
roule aux yeux et se découpe sur la mer bleue de Baïr,
comme les nuages de pourpre et d'ébène se détachent le
soir au coucher du soleil sur les profondeurs du ciel. Le
vent frais du jour agite le feuillage ombreux des orangers ;
les petits oiseaux font retentir les airs de leurs chants,
en agitant leurs ailes brillantes ; les ruisseaux roulent
amoureusement leurs ondes au milieu des prés couverts
de fleurs embaumées ; les jeunes filles sont rieuses et dan-
sent aux sons harmonieux de la mandore ; tout respire les
parfums d'une joie enivrante... Et moi, moi, je ne connais même pas l'espérance !

II.

Cette nombreuse caravane qui s'allonge et se replie
toute diaprée au milieu des sables du désert, comme un
reptile, c'est la caravane des émirs, ces pieux et puissants pèlerins qui vont à La Mecque courber leur front
dans la poussière; ils ont combattu les Curdes, ces voleurs
aussi altérés d'or que de sang! La faim a tourmenté leurs
entrailles, la soif a desséché leur langue et leur poitrine,
le semoûn les a vingt fois assaillis, la peste a brûlé leurs
flancs; ils sont hâves, malades, épuisés et chancelants;
mais si la course a été rude, l'extase sera divine. Voici La
Mecque et ses blancs minarets et ses hautes coupoles
dorées!... et moi, je marche sans cesse dans le désert de
la vie, sans trouver une fleur, un brin d'herbe ou une
perle de rosée... et je ne connais même pas l'espérance!...

III.

Le guerrier qui affronte la mort dans les mêlées sanglantes amasse des richesses et s'entoure de gloire. Le

sage qui marche au milieu des nations en adoucissant leurs misères meurt en paix béni par elles. Le simple et vertueux fellah dont les soins pieux se sont étendus sur sa compagne et sur sa nombreuse famille marche dans la voie sainte, comme le prophète des vrais croyants, et s'endort la tête voilée dans son manteau, emportant dans les cieux les regrets amers de ceux qu'il avait chéris. L'âme humaine qui n'a que des tristesses se décourage, se fane et meurt comme une fleur splendide rongée par un ver à sa racine. — La jeune et belle fille de Saïde, quand elle a ses longs cheveux noirs ornés de sultanins d'or, quand sa robe de pourpre cache ses voluptueux contours, la belle fille de Saïde voit accourir son bien-aimé dont les yeux rayonnent... dont l'âme est exaltée, dont le sein s'agite avec violence... Et moi, moi, je suis comme une épouse à jamais abandonnée : j'aime et ne connais pas même l'espérance !...

Des larmes roulaient dans les yeux de Ziza, quand elle eut achevé ce chant, et elle ne releva sa tête penchée qu'à l'instant où les trompettes et les cymbales des Normands retentirent, et qu'un héraut d'armes vint crier au delà *des Jardins* que le puissant comte de Nety invitait à la joute les notables seigneurs et les chefs de la cité de Tauromène. Le prix de ce tournoi maritime était un superbe collier d'émeraudes destiné à la plus belle des dames par le plus vaillant des guerriers.

Cette fête, rapidement improvisée, n'était due qu'à la situation tourmentée du chef normand ; depuis la scène du défilé de Giardini, une fièvre ardente dévorait son sang, et, courbé par mille tortures morales, il essayait en vain à faire entrer dans son esprit une pensée autre que celle de Ziza. Elle était si belle, cette gracieuse fée ! son long regard avait un attrait si puissant ! Les Sarrasins à qui le hasard l'avait fait apparaître sans voile disaient , dans leur langage brillant comme les fleurs, que c'était un doux rayon de soleil tombé des cieux, auquel Allah , dans sa joie , avait donné la grâce et la beauté infinie de la reine des Péri ; et les chrétiens , Jourdan surtout, qui lui avait inspiré des sourires , les chrétiens la comparaient aux plus beaux archanges.

C'était en son honneur , et par amour pour son souvenir, que le jeune comte avait ordonné cette joute dans les eaux de Giardini , bien assuré d'avance qu'il la verrait sur les murailles ou dans les ruines du théâtre. Puis, il entrait dans sa politique habile de se mettre en contact avec les Sarrasins plus qu'on ne l'avait fait jusqu'alors, afin d'éteindre peu à peu cet acharnement féroce inspiré par le fanatisme religieux qui les animait. Il pensait aux moyens

d'assurer en Sicile la domination normande, matériellement très-faible, semblable
à un puissant empire moderne, l'Autriche,
qui se soutient, grâce au système que Jourdan voulait suivre ; l'Autriche enlève à la
Lombardie ses défenseurs, qu'elle remplace
par des Hongrois et des Moraves, et les fils
de l'Italie vont s'étioler sous le ciel brumeux d'Allemagne, dont ils contiennent les
habitants autant par esprit de représailles
que par obéissance passive. C'est ainsi que
Rome asservit le monde.

Puis, en déployant aux yeux des Sarrasins un esprit et des mœurs chevaleresques, un caractère magnanime, Jourdan
pensait qu'ils finiraient eux-mêmes, d'ailleurs peuple éminemment artiste et industrieux, par s'identifier à cette vie pleine
d'urbanité, et que, dans les temps à venir,
quand la conquête serait assurée, les Sar-

rasins n'émigreraient pas, ce qu'il était important de prévoir et d'arrêter pour la
prospérité de cette contrée si riche et si
fertile. Les grands conquérants sont ceux
qui, après avoir soumis un pays, lui laissent ses anciennes coutumes, ou s'ils y
portent la main, le font avec une sobriété
extrême, substituant de bonnes lois aux
mauvaises, et introduisant leur civilisation
si elle est plus avancée. Mais ceux qui,
après la victoire, marchent dans un sillon
de sang sur le front des peuples qu'ils ont
courbés sous leur joug et attelés à leur
char, implantant par la force et avec
cruauté leurs lois écrites avec le glaive,
ceux-là sont des fléaux et non pas des
conquérants! Les Athéniens et les Lacédé-
moniens, Jules César et Germanicus,
étaient des conquérants; Attila et Mahomet,
des fléaux. — Napoléon fut parfois l'un et
l'autre!!!

Jourdan, qui redoutait les excès, et dont les grandes vues s'étendaient sur les deux peuples rivaux, pensait que la Sicile, une fois conquise, serait partagée en grandes provinces, et qu'il ne lui serait pas impossible d'obtenir Catane et le gouvernement des régions Mammertines. Alors, pourquoi n'unirait-il pas son sort à celui de la belle Sarrasine à qui l'on arrachait sa riche province? Cette idée heureuse lui souriait; il la caressait comme dans les rêves on flatte les chimères enchanteresses, comme aux heures de la passion on parle de tendresses éternelles ! Mais parfois la raison surgissait toute froide, toute glacée, et voulait étouffer l'amour. — Ziza n'était pas chrétienne!...

A cette époque reculée, alors que le christianisme venait de régénérer moralement l'Europe, la situation du comte de

Nety était triste et épineuse. Les préjugés
religieux dominaient les masses plus encore que les préjugés sociaux ne le firent
au plus haut point de la féodalité. Dans
l'enfance des sociétés, la parole sacrée et
mystérieuse du prêtre a souvent plus de
puissance que la force militaire. On a vu
la pourpre impériale s'abaisser devant le
froc du moine, et l'épée ducale se briser
contre un faible rosaire !

Des tempêtes religieuses se soulevaient
de toutes parts avec une violence inouïe !
L'Europe était un volcan à l'heure de l'é-
ruption, dont la lave bouillonnait menaçante dans son large cratère ! C'étaient de
longues rumeurs qui allaient de l'Occident
à l'Orient. Les rois, les princes, les ducs
et les grands barons s'armaient, et armaient leurs vassaux et leurs serfs ; on
n'entendait que cliquetis de lances et d'é-

pées, que cris de guerriers et hennisse-
ments de chevaux. Pierre l'ermite et le
prélat Adhémar allaient jeter cinq cent
mille croisés sur l'Asie !

Toutes ces choses étaient de nature à effrayer un homme, et parfois Jourdan re-
culait glacé d'épouvante. Dans la vie,
l'homme agit rarement pour lui seul, et
d'après la volonté qui le rendrait heureux.
La société, cette grande chaîne aux anneaux innombrables, l'entraîne et le fait
agir pour elle. Mais l'amour est un rude
gladiateur que peu d'obstacles sont capables
de vaincre ; si le désespoir ne vient pas le
saisir et le ronger, il sort presque toujours
sanglant de l'arène, mais il en sort vainqueur. Jourdan pensa que Ziza, à ses ar-
dentes prières, pourrait embrasser la douce
religion du Christ, et l'enthousiasme se
réveillant à cette pensée, il avait rapide-

ment ordonné une fête maritime afin de voir encore sa sultane adorée.

Et pendant qu'il s'apprêtait à paraître au milieu de ses chevaliers, dévoré par une ardente impatience, elle, toujours immobile dans les ruines poétiques, comptait les battements de son cœur chaque fois que le panache d'un guerrier s'agitait. Tout à coup elle tressaillit, s'anima, se leva toute droite, et put saluer du regard le brillant comte de Nety, qui accourait alors sur le rivage...

LA JOUTE DES CHEVALIERS.

La lance au poing ! largesse , chevaliers !
Combattez pour la gloire et pour l'amour des dames ;
Frappez avec le fer au front des boucliers.
En avant ! en avant !!...

Comte L. DE CHARNY, *Le Tournoi.*

VII.

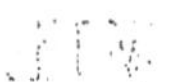

VII.

Tout le camp des Normands était debout;
plusieurs centaines de barques, pavoisées
du gonfanon rouge aux deux léopards d'or¹,

---

¹ C'était l'étendard sacré des chevaliers normands en
Sicile.

Ce ne fut qu'à l'époque où la province de Guyenne
passa sous la domination de l'Angleterre, que cette puis-

couraient sur les eaux, sous l'impulsion de la rame, avec la rapidité des alcyons. Les chevaliers avaient quitté leurs lourdes cottes de mailles pour se vêtir de tuniques éclatantes et légères, et leurs longs cheveux, au lieu d'être emprisonnés sous un casque de fer à pointe acérée, flottaient négligemment en boucles gracieuses sous des toques de soie ou de samis ornées de longues plumes blanches.

Les grèves étaient couvertes d'une multitude infinie qui assourdissait l'air par des cris impatients et bizarres ; les Tauroméniens se mêlaient aux Normands, aux Grecs de Messine et aux Calabrois de Rhége,

sance ajouta à son écusson royal le troisième léopard, que portait en chef l'écu de la province de Guyenne.

(*Hist. des Révol. d'Angleterre*, par le père d'Orléans.)

accourus dans la matinée pour assister à cette fête merveilleuse... Plaisirs délicieux après tant de profondes misères ! Cette diversité de costumes, de mœurs, de langage et de caractères, avait un intérêt puissant qui frappait fortement, et il y avait un charme inexprimable à voir la joie radieuse qui animait toutes ces physionomies fières et sauvages.

Le jeune et vaillant émir de Tauromène, qui appréciait au plus haut point le noble comte de Nety, et qui souvent avait pu reconnaître toute la magnanimité de son caractère, se débarrassa des préjugés orientaux, et, suivi de quelques chefs renommés, il descendit vers les grèves afin de prendre part à la lutte.

— Soyez le bienvenu, seigneur, dit Jourdan, qui alla à sa rencontre dès qu'il l'aperçut. Il vient des temps où cessent les inimitiés, et je désire qu'ils ne tardent guère.

— Dieu seul le sait! seigneur comte, repartit l'émir avec le laconisme habituel de sa nation.

— Mais ne pensons pas à la guerre.

— Soit, seigneur comte.

— Allons, hérauts du camp, faites sonner les cymbales.

Et après une espèce de concert rapide et assez inharmonieux, le héraut s'écria d'une voix sonore :

— Messeigneurs, la joute est ouverte!

Pendant que les Normands et les Tauroméniens s'abandonnent avec une confiance

aveugle à tous les plaisirs d'une fête et à
la sécurité de la trêve, la vengeance et
la trahison s'avancent toutes silencieuses,
en murmurant des paroles de mort! Le
cruel émiralem de Catane, à peine de
retour dans son palais, vit arriver cinq
cents cavaliers arabes, commandés par le
soudan de Biserte, son frère, et cent archers numides, redoutables par leur
adresse : tout entier à ses projets de destruction, il a rassemblé une armée, et il
est en ce moment à une faible distance du
camp, avec ses cavaliers africains; il entend
les cris des Tauroméniens et des Normands; de bruyantes acclamations arri-
vent jusqu'à lui dans la langue du désert;
son attention redouble, il écoute, il s'a-
vance, et bientôt un pâtre vient lui révéler
l'*ordonnation* subite de cette fête qui va
servir merveilleusement ses affreuses vengeances!

Déjà bien des chevaliers normands et des chefs sarrasins avaient bu l'onde amère, frappés par la lourde lance garnie d'un large pommeau gonflé d'air ; chaque fois qu'un coup vigoureux faisait quitter l'esquif à quelque cavalier, c'étaient des cris d'allégresse, qui partaient de la cité et des grèves, bruyants et prolongés comme le bruit du tonnerre. L'heureux comte de Nety avait sans cesse les yeux tournés vers Ziza, et son cœur n'était pas exempt d'orgueil en la trouvant si rayonnante et parée de la robe éclatante qu'il lui avait envoyée.

Elle aussi s'abandonnait à la joie en voyant la mâle et noble physionomie de Jourdan briller au milieu de sa belle noblesse de Normandie et des Calabres ! Elle aussi était fière de son amour et de son chevalier ! Mais la mort planait en ce moment sur cette tête si noble !

L'émir de Tauromène et Jourdan restaient seuls avec les guerriers vainqueurs
de tous leurs rivaux ; tous deux d'une
force prodigieuse, ils précipitèrent leurs
adversaires dans la mer, et la joute recom-
mença pour les redoutables chefs. Le combat fut long et opiniâtre : on eût dit qu'ils
avaient même vigueur, même adresse, et
qu'ils étaient animés par la même cause.
Jourdan reçut un coup si rude dans la
poitrine, qu'il chancela et fut courbé
comme un roseau ; mais il ne tomba pas,
et, se redressant avec une rapidité inouïe,
il accourut les yeux étincelants, le bras
raide et tendu comme une corde d'arc ;
puis, se reculant, il frappa l'émir à son
tour avec une telle force qu'il le jeta
comme un enfant dans la mer.

Des milliers de cris retentirent encore,
les trompettes et les cymbales se mêlèrent

à ces cris, et les hérauts du camp vinrent apporter aux pieds du comte, avec une grande solennité, le magnifique collier d'émeraudes qu'il devait à son adresse et à la puissance de son bras.

Jourdan jeta un regard rapide sur Ziza; elle agitait sa main et soulevait un pan de son voile... Les deux jeunes amants étaient radieux !

Aussitôt Jourdan fit venir son faux mendiant de Tauromène, et, le prenant à l'écart, il lui remit le collier en lui disant :

— Tiens, tu vois la sultane sur cette colonne solitaire; cours lui remettre cette cassette, et reviens aussitôt me trouver sous ma tente.

Un quart d'heure s'était à peine écoulé,
que le Sarrasin avait rempli son message,
et qu'il rapportait à Jourdan un des voiles
de Ziza, afin qu'il s'en servît comme d'une
écharpe de chevalier.

Un festin magnifique ayant été servi au
bord de la mer à peu de distance des murs
de Tauromène, le chef des chrétiens, l'heureux vainqueur, paré de son écharpe et
tout entier aux ivresses d'un amour partagé, faisait les honneurs de la fête, et
cherchait à séduire par toutes les ressources
de son esprit l'émir et ses vaillants chefs.
C'était la première fois qu'on voyait une
union si vive entre les deux peuples jusqu'alors ennemis si acharnés : ils se faisaient des protestations d'amitié, parlaient
de clémence et de générosité mutuelle,
quand tout à coup un cri redoutable vint
à chacun d'eux inspirer l'effroi.

— Aux armes! aux armes, chevaliers normands! Trahison! le feu est au camp; voilà les ennemis!!!

Et des tourbillons de flamme s'élèvent jusqu'aux nues; on entend le bruit de la cavalerie, les cris des Arabes, des cris de vengeance et de mort!... Puis les Numides apparaissent sur la montagne, et lancent des grêles de flèches empoisonnées; d'autres débarquent au delà de Tauromène. L'émir et ses chefs, suivis de la population, se retirent en désordre avec les otages qui s'échappent; les chevaliers chrétiens, sans casque et sans cotte de mailles, se défendent en désespérés, ayant à combattre de toutes parts des milliers d'ennemis; enfin, quelques chefs regagnent leur camp, les tentes embrasées sont arrachées, tandis que d'autres détachements concentrent l'ennemi sur les grèves. Jour-

dan faisait des prodiges de valeur, animé
par l'amour et par la vengeance.

— Pas de pitié aux traîtres ! s'écriait-il,
mort aux violateurs de la trève ! tuez,
tuez sans pitié ! A moi, Bohémond ! à moi,
mes braves cavaliers normands ! ! Puiset,
Puiset, où es-tu pour venger ton frère ?

Il y eut un carnage horrible ! Le sang
rougissait les ondes, naguère si bleues et
si belles ; les Sarrasins commençaient à
plier ; mais le féroce Vittumen ne songeait
point encore à la retraite, quand Aregot
du Puiset, accourant avec cent cavaliers,
vint décider du sort de la bataille.

C'était un spectacle affreux que cette
boucherie effroyable sous les yeux de toute
une population et d'un camp à demi incen-
dié. Ziza, mourante, suivait sans cesse les

mouvements du guerrier à l'écharpe blanche; elle priait Dieu qu'il écartât le péril de cette tête si chère. Déjà les Tauroméniens et les archers de Numidie s'étaient jetés dans la ville, bouleversée par cet extrême désordre. On noyait les Catanais et les Africains. Vittumen était en fuite, les Normands criaient victoire, quand une flèche, lancée avec une force terrible de la montagne, vint frapper Jourdan à la poitrine et le renversa.... A cette vue, Ziza se sentit défaillir, et elle tomba privée de sentiment dans les bras de sa fidèle Lucrécia, tandis qu'on reportait Nety mourant à sa tente.

Quelques instants après, les Africains nouveaux venus, fiers du résultat d'une flèche égarée, et peut-être aussi pour relever le courage de ceux que cette lutte avait frappés d'épouvante, poussèrent des

cris de triomphe, illuminèrent leur ville,
et bientôt la voix des muezzins cria du
haut des minarets avec un accent de joie
lugubre :

— Réjouissez-vous, fidèles croyants, le
grand chef des Normands est mort !

[illegible]

[illegible]
[illegible]
[illegible]

[illegible]

[illegible]
[illegible]

LE JUIF DE CORDOUE.

Il y a des êtres assez habiles pour cacher les plus violentes passions, les désirs les plus horribles, sous une apparence de calme, de douceur et de sérénité, aussi bien que la jeune vierge de l'Orient cache ses attraits enchanteurs et déguise ses formes exquises sous de longs vêtements flottants.

Comte L. DE CHARNY, *Souvenirs de l'Albanie.*

VIII.

VIII.

Tout le camp des Normands s'agitait avec une effroyable violence en s'abandonnant à mille idées de vengeance et de haine. S'il eût été possible de lever le siége de Tauromène, les guerriers l'auraient fait sur l'heure, afin de poursuivre l'émir de Catane pour le brûler dans son palais avec ses cavaliers de Biserte.

Jourdan n'était point mort, ainsi que l'avaient annoncé les Sarrasins dans leur joie; mais sa blessure était d'une gravité extrême : la flèche, longue de fer, et fortement dentelée, ayant pénétré profondément dans les chairs, il avait été obligé de subir une opération des plus douloureuses afin qu'on pût extraire le poison que le fer y avait laissé. Comme ses jours semblaient en danger, et que d'autres chefs habiles étaient aussi blessés, on expédia sur-le-champ un guerrier au comte Roger, qui se trouvait alors à Melfe, ville située vers les confins de la Pouille, et le camp fut commandé provisoirement par le jeune Serlon Tancrède, autre neveu des princes normands.

Un grand nombre de chrétiens avaient mordu la poussière; attaqués à l'improviste et avec une grande furie, mal armés pour la plupart, tous sans cotte de mailles

et sans casque, ils avaient prodigué le plus
pur de leur sang pour rester maîtres du
champ de bataille. C'est alors que, dans
leur exaspération inouïe, les chevaliers
normands jurèrent d'appliquer aux Sarrasins la peine du talion. Ils firent serment
par les os de leurs pères, ce qui était sacré
alors, d'exterminer tous les Mores ren-
fermés dans Catane et dans Tauromène.

Animés par l'ardeur farouche que le désir de la vengeance inspire, ils se jetèrent
dans les défilés de Mola, et prirent un fort
avancé situé à peine à deux portées de flèche de la ville. Enhardis par ce succès, ils
tentèrent un assaut; mais, les Africains les
repoussant vigoureusement, ils durent
se replier vers le fort et se contenter d'in-
vestir entièrement Tauromène.

On apprit toutes ces choses à Jourdan,

qui se mourait sous sa tente : on croyait
le réjouir, on croyait apaiser son courroux
ou hâter sa guérison. — Trompeuses espérances et maladroites flatteries ! — On en-
venimait sa plaie davantage encore, et c'é-
tait le pousser vers la tombe.

L'illustre chef normand n'ignorait pas
que la ville, une fois rigoureusement cernée,
tarderait peu à retomber en proie aux horreurs de la famine, et qu'elle soutiendrait
difficilement quelques assauts habilement
dirigés avec des troupes fraîches et aguer-
ries. Alors, cédant à l'effroi le plus violent,
il voyait, dans son imagination exaltée par
la fièvre, la cité envahie par une soldatesque avide, irritée, féroce ! il se dépeignait
l'horrible pillage, les viols, les massacres;
et l'image défigurée de Ziza lui apparaissait comme un spectre traînant un suaire
ensanglanté.

Serlon, Aregot du Puiset et Bohémond
Tancrède veillaient un soir sous la tente
de Jourdan, brisé par un redoublement
de souffrances.

Les circonstances étaient difficiles; de
nouveaux secours arrivaient d'Afrique, et
les haines partielles des émirs s'éteignaient
devant la patrie menacée et bientôt envahie tout entière.

— Nous serons débordés par tant d'ennemis si nous attendons qu'ils soient réunis, dit Aregot.

— Pourquoi n'allons-nous pas les attaquer dans la plaine de Catane? ajouta Bohémond; les combats partiels sont nos plus
beaux triomphes.

— Et puisqu'ils ont été traîtres à la foi

jurée, nous les extermineprons sans pitié.

— Oui, pas de pitié, reprit Bohémond,
Je consens à servir sous votre commandement, seigneur du Puiset ; il me tarde
d'aller combattre ces cruels Africains.

— Cependant tu resteras ici, dit Serlon
avec une grande fermeté. Veux-tu pas
abandonner Tauromène pour avoir des
forces considérables qui nous harcèleront
de toutes parts? Cette ville est la clef de la
Sicile africaine ; il faut la prendre et la
punir ; après on passera outre.

Bohémond, dont le caractère fougueux
et singulier annonçait déjà le futur prince
d'Antioche, murmura quelques paroles de
mécontentement et se retira. Puiset, plus
sage et plus habile homme de guerre, ren-

dit justice au sire de Serlon, qui resta seul à veiller près de la couche de son cousin.

Un célèbre médecin juif, qui avait long-temps étudié à l'école moresque de Cordoue, gratta en ce moment au rideau servant de porte à la tente, et arriva, d'un pas craintif, vers l'illustre chevalier normand.

— Que le Dieu de la guerre veille sur vous, nobles chefs! dit-il, en s'inclinant.

— Et puisse-t-il ouvrir tes yeux à la religion sainte, Nazaréen! ajouta Serlon tout pensif.

— Il faut un changement d'air au noble comte; ici la chaleur est trop grande : voilà ce qui enflamme sa blessure. Je ne sais qu'un seul moyen de le guérir, mais il est difficile et dangereux.

— Est-il prompt?

— Aucun baume de Mage et nul dictame ne peuvent rivaliser avec ce moyen. Mais voudrez-vous l'employer?

— Si tu restes muet, je ne sais. Parle.

— A six journées de rameurs, reprit le médecin, par-delà les monts Camiques, se trouve une ville forte que les Sarrasins nomment Xacca; c'est l'antique Thermes des Romains [1]. A quelque distance dans la

[1] *Aquæ Selinuntiæ.* Cette ville était renommée pour ses délices parmi les Grecs. On y accourait du Péloponèse, de l'Eubée et de toute la Sicile dans la belle saison. Selon Diodore, ce fut Dédale qui découvrit la vertu de

montagne, on trouve des sources d'eaux brûlantes qui ont la propriété de guérir rapidement les blessures faites par le glaive ; c'est là qu'il faut conduire le comte Jourdan. Si vous y consentez, je serai son guide.

Serlon jeta sur le Juif un regard profond et inquisitorial, afin de voir s'il ne découvrirait pas dans ses yeux ou sur ses traits une pensée coupable ; mais le Nazaréen était aussi morne et aussi impassible que ces bronzes d'Herculanum qui figuraient sous les portiques du théâtre.

— Sais-tu que la grande province du

ces bains sulfureux, et qui les ordonna aux guerriers blessés. Thermes était aussi fort célèbre à cause de ses beaux vases peints, qui faisaient l'orgueil de la Grèce et de l'Italie, et que les *amateurs* nomment improprement *vases étrusques*. Aujourd'hui Thermes de Selinus a pour nom SCIACCA.

(Voy. *Mon Voyage en Sicile, Un An sur les Chemins.*)

sud , depuis Catane jusqu'à Ségeste, obéit
tout entière aux Mores ? et tu me proposes
de conduire Jourdan au milieu de tant
d'ennemis !

— Ne t'ai-je pas dit qu'il y avait de grands
dangers ? Tu es libre , refuse. Mais si je me
proposais pour guide , moi qui suis presque More , moi qui porte leurs vêtements ,
qui parle leur langage , qui veux-tu qui le
frappe ? Tu le feras escorter par deux ou
trois serviteurs fidèles déguisés en Sarrasins. Je ne peux guérir sa blessure qu'avec
le secours des eaux de Xacca.

— Laisse-moi, dit Serlon, j'y vais réflé-
chir.

Le Juif avait préparé un breuvage qui
rendit le calme au guerrier souffrant. Re-
trouvant tout à coup quelques forces il se

souleva péniblement, et voyant que Serlon le veillait seul il lui tendit la main.

—Merci, cher baron ! Que Dieu te bénisse et te préserve d'une affliction pareille à la mienne ! As tu donné un nouvel assaut ? La ville est-elle prise ?

—Non, non, répliqua Serlon d'un air découragé ; cette maudite ville est imprenable.

Un éclair de joie brilla dans les yeux du guerrier malade.

—Mais quand les ennemis sont dangereux, l'esprit d'un chef de guerre doit se creuser pour trouver des moyens sûrs afin de les écraser : aussi, avant qu'un mois se soit écoulé, le labarum normand flottera sur les remparts de Tauromène.

— Et quel est ton moyen, Serlon ? dit Nety avec inquiétude.

— L'incendie du quartier more, situé à la porte de Mola.

— Ah ! une guerre de barbares ! c'est affreux ! renonce à cela.

— Mais que veux-tu faire ?

— Une guerre loyale et digne de notre renommée.

Serlon peu à peu abandonna son projet destructeur, et revint à des idées plus humaines.

— Jourdan, dit-il tout à coup, tu as entendu le médecin juif qui te conseille un air moins brûlant que celui qu'on respire

sur cette plage rétrécie et dépourvue d'arbres; je me range à son avis; il faut que,
te cachant sous les vêtements d'un chef
more obscur, tu ailles te baigner dans les
eaux thermales de Xacca.

— Il m'est impossible de quitter le camp.

— Mais ici c'est la mort, et là-bas ton
salut.

— Ailleurs que sous ces murs, c'est pour
moi la mort !

Serlon le regarda avec angoisse, croyant
que le délire revenait.

— Combien le Juif veut-il me garder à
Xacca?

— Douze jours suffiront pour que ta

blessure se ferme ; consens à partir, cher
Jourdan ; rends à l'armée un chef, à moi
un frère d'armes, et redeviens la terreur
de nos ennemis.

— Veux-tu me promettre de ne pas ten-
ter un assaut avant mon retour, et je
pars ?

Serlon, croyant que l'égoïsme et une
soif ardente de domination faisaient parler
le comte de Nety, se releva fièrement et le
cœur profondément blessé. C'était la
première fois que son cousin agissait ainsi,
et il pensa que l'honneur lui prescrivait de
ne pas se soumettre.

— Crois-tu donc, lui dit-il avec un ton
courroucé, que je doive exposer ma vie,
et verser le plus pur de mon sang, afin que
la gloire de l'œuvre soit pour toi ? Non,

Jourdan, non. Je suis général du camp, j'agirai en général ! J'attaquerai demain si les circonstances l'exigent, si je prévois un triomphe ou si ma volonté me l'inspire ! Ah ! je m'étais cruellement trompé ; je te regardais comme un frère d'armes, et toi dans ton cœur tu me traitais en vassal !...

— Serlon, Serlon, s'écria Nety d'une voix déchirante, est-ce bien toi qui me parles ainsi ? Écoute-moi, et oublie de pareilles pensées. Sommes-nous seuls ?

— Seuls.

Et semblable au conspirateur qui étend sa main dans l'ombre, afin d'attirer près de lui ses complices pour ouïr une chose solennelle, Jourdan saisit Serlon par sa cotte de mailles et le força de se pencher sur son lit.

— Tu es bien jeune encore, lui dit-il; au sortir de l'enfance, on t'a jeté dans les camps, et nos guerres continuelles et acharnées ont seules dominé ton existence. Ton cœur n'a battu qu'au cliquetis des épées ou sous le rugissement de la vague à l'heure des tempêtes. Tu n'as jamais connu l'amour, cette tempête de l'âme, ce rayon de soleil qui exalte l'homme ou qui le dévore. Aimer, c'est se rattacher à Dieu par un souffle, par une parcelle sublime; le monde entier s'humilie devant cette puis-sance. Aimer, c'est comprendre la vie et dé-sirer l'éternité. Eh bien! Serlon, j'aime!...

L'enthousiasme du chef normand inspira un recueillement solennel au jeune guer-rier; il l'écoutait avec une surprise mêlée de crainte.

— Oui, reprit Jourdan avec force, j'aime

un ange; une femme comme nos Calabrés
n'en recèlent pas; elle est belle et enchanteresse; jamais sourcils veloutés ne se
courbèrent en arcs sur de plus grands
yeux noirs! Elle est noble, et bonne, et
divine!... Mais, ajouta-t-il d'une voix alté-
rée, elle est fille de mon ennemi.

— La fille d'un ennemi! et tu l'aimes?

— C'est cet amour qui me tue. Encore,
s'il n'y avait que cela, on pourrait aisé-
ment le vaincre; mais... elle est dans la
ville assiégée... elle n'est pas chrétienne!

Serlon se recula comme s'il eût voulu
éviter de marcher sur un serpent dangereux.

— Quoi! Jourdan, se peut-il? Est-ce donc
la Sarrasine éblouissante qui errait autrefois

dans les ruines du théâtre? On la dit fille
de cet assassin féroce, de cet émiralem...

— Oui, fille de l'émir, dit le comte avec
terreur, en retombant presque évanoui,

— Aimer une infidèle ! dit le chrétien
fervent et fanatique en se signant avec angoisse. Ah ! Dieu puissant, protégez mon
frère !..

Il y eut sous cette tente isolée un long
silence. Des souffrances diverses agitaient
les deux guerriers.

— C'est en vain que j'ai voulu bannir
de mon cœur l'image de cette femme
adorable, reprit Jourdan ; le sort en est
jeté. Quand véritablement on aime, la
raison n'est pas écoutée. Une religion étrangère importe peu au cœur. Ziza n'a-t-elle

pas la noblesse, l'amour et la beauté d'une
fille de l'Italie ?

— Elle n'est pas chrétienne, répéta lentement Serlon, et mon confesseur, un saint
homme, m'a dit d'exterminer tous les infidèles.

— Ton confesseur est un scélérat ! Tous
les hommes sont frères ; il te dira que sa
religion est meilleure, parce qu'elle est la
plus ancienne ; mais, à ce compte, les Juifs,
que l'on méprise, vaudraient mieux que
nous. Le Christ n'est-il pas issu d'une famille juive ? Mais il ne s'agit pas de
cela ; écoute-moi, Serlon, et jure sur le
crucifix de ne pas donner d'assaut avant
mon retour.

— Je ne le peux. Si ton père arrive et
qu'il le commande, que faire alors ?

Ah ! tout se réunit pour me faire
mourir, dit-il en se frappant le front avec
désespoir. Eh bien ! jure-moi de sauver
Ziza ; jure-le-moi, Serlon ; n'es-tu pas mon
frère d'armes ? Quand nos Calabrois, qu'aucune pitié n'arrête, se seront jetés comme
des vautours affamés sur cette Tauromène
malheureuse, cours au palais de la sultane,
à ce beau palais dont la terrasse ombragée
d'arbres verts domine le rempart vers la
porte de Mola ; cours-y, Serlon, sauve-la,
défends-la au péril de ta vie ! Conserve-moi
cette fleur, mon ami ; car sans elle je n'ai
plus qu'à mourir !

— Mais c'est une faiblesse inouïe !

— Et qui t'a dit qu'avant de lui donner
mon nom, elle n'aura pas reçu le baptême
des chrétiens ? Qui t'a dit que ce n'est point
là ma pensée ?

Serlon releva la tête avec fierté, tandis qu'un éclair de joie brillait dans ses yeux.

— Ah! tu comprends enfin, s'écria Jourdan, que cette lutte épuisait, tu comprends combien la puissance de l'amour est tyrannique. Il n'y a que les cœurs froids et secs qui lui résistent; mais toi, mon frère d'armes, tu es bon et généreux.

— Repose-toi sur moi, pars, je t'en conjure; l'armée a plus que jamais besoin de tes conseils et de ton épée. Si la ville est emportée d'assaut en ton absence, Ziza sera conduite par moi à Messine dans un monastère.

— Tu me rends la vie, frère. Garde-toi du seigneur de Puiset; c'est un homme austère, fanatique, et ce secret, en le divulguant, pourrait devenir fatal.

Je comprends. L'amour ressemble
aux projets des guerriers; tout doit être
mystérieux. Quoique Puiset soit un brave,
je l'éloignerai s'il le faut.

— Oublie tout, excepté de la sauver au
jour de la lutte sanglante, murmura encore le malade, que cette longue conversation avait tout à fait épuisé.

Senlon fit venir le Juif et lui ordonna
de faire rapidement ses préparatifs. Quatre
Normands se vêtirent de casaques sarrasines, ainsi que leur maître, et le chef dit
au Juif avec hauteur :

— Songe que s'il arrivait la moindre
égratignure au comte de Nety, je te pour-
suivrais jusqu'au fond de l'enfer (où tu
ne manqueras pas d'aller) pour avoir ta
tête !

— Bientôt je mépriserai tes menaces, orgueilleux chrétien, dit le Juif à voix basse en sortant de la tente.

Serlon le rappela aussitôt.

— Le voyage par terre serait trop pénible et trop dangereux; je ferai disposer une petite galère armée.

—Mais, seigneur, répliqua le Juif avec un ton de dédain et de désappointement assez peu réprimé, mes mesures étaient déjà prises; le balancement des flots, une tempête, la crainte d'être surpris par Djezzar le Numide, ce roi des pirates... tout cela est peu sûr.

— Allons, ton devoir est d'obéir, Juif! exerce ton art et ne donne pas de conseils.

Le Juif sortit nonchalamment et calme

d'apparence, mais au fond de son cœur il était cruellement contrarié. Il erra mystérieusement dans le camp, et, profitant de l'éloignement d'un des soldats de garde, il s'élança hors de l'enceinte et n'y rentra qu'aux premières lueurs du crépuscule.

La journée se passa tristement ; la galère était prête et les serviteurs armés. Serlon, au moment du départ, prit à l'écart un brave d'Amalfi fort attaché à Jourdan, et il lui dit d'un ton sérieux qui commandait la méfiance :

— Joanne, je te recommande ton maître, et surtout ne quitte pas d'un pouce ce maudit Nazaréen.

— S'il bronche seulement d'une épaisseur d'épée, je le décolle comme un infidèle, par saint Martin !

Et l'Amalfitain accompagnait ces paroles d'un geste assez peu équivoque, exprimant sa bonne volonté.

Quand la nuit fut venue, on porta secrètement Jourdan au rivage, et, après qu'il eut embrassé Serlon, il lui recommanda encore sa Ziza bien-aimée.

Alors la galère, lancée et dirigée à force de rames, s'éloigna silencieusement du rivage; puis on la couvrit de ses voiles, et bientôt on la vit fendre les flots et se perdre comme un pétrel dans les profondeurs de l'horizon.

— Que veux-tu, vilain noir? disait le Calabrois de Rhége à un homme qui se présentait sans armes dans la nuit à la porte du camp.

— *Voir le grand chef chrétien*, répondit l'homme d'un accent guttural.

— Bien parlé pour un noir, dit une voix.

— Qui t'amène? reprit le Calabrois.

— *Voir le grand chef chrétien.*

— D'où viens-tu, enfant du diable?

— *Voir le grand chef chrétien.*

— Ah çà! il répète toujours les mêmes mots, dit le Capitanate en riant aux éclats; c'est qu'il ne sait que cela, par Satanas!

c'est tout simple. Mais où donc ai-je vu ce dogue noir?

— Si nous l'étrillions un peu, pour savoir s'il crierait en notre langue?

— *Voir le grand chef chrétien*, répéta Arck le Nubien, l'esclave de Ziza; car c'était lui. Et il montra une lettre dont chacun regarda la suscription; mais tous se reculèrent en faisant une grimace comme si le contact les eût brûlés... Nul ne savait lire, et l'amour-propre les rendait superstitieux; chose assez ordinaire.

Enfin, après bien des plaisanteries, on conduisit Arck à un chef, qui, le voyant chargé d'un message, l'introduisit dans la tente de Serlon.

Le guerrier déroula rapidement le papyrus, qui contenait ces mots :

« Jourdan, ne sortez pas du camp, ou
« allez vous enfermer dans Messine; des
« traîtres vous entourent; on veut votre
« perte. J'ignore ce qu'on a dû vous pro-
« poser; mais si vous acceptez, c'est la
« mort! »

— Infâme Juif! s'écria Serlon en saisissant son épée; il est vendu à nos cruels ennemis! Que devenir? que faire? Jourdan
à cette heure est en vue de Catane, près de
succomber dans un piége abominable. Ah!
vite, vite, une galère armée et trente rameurs infatigables; Jourdan va mourir!...

COMMENT L'ADROIT FALLACIA

SE TRAHIT DANS SA JOIE.

> Quiconque, à propos d'un projet mystérieux,
> choisit un confident non intéressé dans ce projet,
> est presque sûr de le faire avorter. Veux-tu réus-
> sir, mortel? sois muet.
>
> Comte L. DE CHARNY

IX.

IX.

Le redoutable Vittumen, après le combat de Giardini, courut s'enfermer dans sa forteresse, laissant au sultan de Biserte et à quelques autres chefs le soin de ramener les troupes qui avaient échappé à l'épée des Normands. L'émiralem de Catane, bien qu'il n'eût pas réussi au gré de ses désirs, s'applaudissait néanmoins de ce combat sanglant et de cet incendie , dont les suites pouvaient être si funestes. Son triomphe , quoique très - rapide et suivi d'un revers , avait jeté la terreur dans l'âme des Normands , et il espérait bien inventer d'autres ruses pour se défaire de leurs chefs.

Il apprit par ses espions et par une lettre de Fallacia la blessure dangereuse de Jourdan et la résolution que les Normands venaient de prendre de mettre à mort les Sarrasins de Catane et de Tauromène. La modération du jeune émir, ses hautes et nobles qualités , et la part qu'il avait prisé aux réjouissances des chevaliers , furent autant de crimes aux yeux du cruel Vittumen ; il envoya un émissaire par les sentiers escarpés et presque inaccessibles qui sont au revers du Taurus , et l'émir fut étranglé par les archers de Numidie , qui

suppléèrent leur chef sauvage à la vic-
time.

Ziza vit ce crime avec un juste effroi.
Abérame était une digue puissante à op-
poser aux passions populaires en ces temps
de bouleversements ; et elle était sûre, dans
un danger imminent, de trouver en lui un
défenseur.

— Qu'allons-nous devenir, pensait-elle,
livrés ainsi à la merci de ces Africains et de
ce chef féroce qui n'a pas dédaigné de faire
lui-même l'office du bourreau ? Je tremble
qu'à chaque instant la cité ne se révolte
et ne s'abandonne au pillage. Déjà la famine recommence pour le pauvre, demain
viendra le tour du riche ; grand Dieu !
qu'allons-nous devenir ?...

Depuis les suites funestes de la joute,

elle n'avait été que fort rarement aux
ruines du théâtre ; mais quand Abérame
fut mort, elle ne quitta plus son palais,
s'abandonnant dans l'ombre et le silence
aux angoisses de son amour. Sa vie s'écou-
lait pleine de tristesse au milieu de ses serviteurs, et la sérénité n'animait plus ses
beaux traits qu'aux heures où Lucrecia lui
vantait la douceur et la morale sublime du
christianisme.

—Ouvrez enfin vos yeux à la lumière,
gracieuse sultane ; la religion de mes pères
est une religion de paix et de vertu, qui
prescrit à tous la clémence, tandis que votre Coran encourage sans cesse au meurtre. Mais puisque ma voix n'est point assez
éloquente pour une mission si sainte, celle
d'*un autre* sera, j'espère, plus écoutée.

—L'espérance, repartit la jeune Syrienne,

est comme un rayon de soleil qui brille et
qui s'éteint. L'espérance, à mon avis, c'est
l'anéantissement.

— Devenez chrétienne, Ziza, écoutez ma
voix; et puisque vous aimez le plus brave
des serviteurs du Christ, préparez-vous à
devenir son épouse.

— Tais-toi, Lucrecia, je n'aime point à
m'entendre reprocher mes faiblesses.

— Sont-ce des faiblesses qu'il faille cacher, ô mon Dieu! que cet amour qui rend
la vie si belle? Ah! que ne suis-je sultane et
aimée du brave comte de Nety! Comme j'aurais bientôt quitté le volcan de Tauromène
et renié cet affreux Mahomet!

— Allons, respecte ce que tu ignores.
Quiconque ne connaît pas, souvent accuse.

C'est le propre des mortels de prononcer
et de juger sans voir. Mais parle - moi des
mystères de ta croyance ; dévoile - moi sa
charité, que tu dis inépuisable ; quand on
souffre on est disposé à aimer tout ce qui
nous rattache au Créateur.

Un bruit de pas se fit entendre dans la
galerie voisine.

— Vite, rajuste-moi mon voile, dit Ziza ;
il me semble reconnaître les pas du seigneur Montelargo.

C'était en effet la longue et singulière
personne de Fallacia qui accourait. Ses
yeux brillaient de son éternel sourire, mais
on remarquait sur ses traits quelque chose
de plus radieux et de plus sinistre que de
coutume ; ses joues ridées semblaient plus
épanouies ; il était rayonnant.

— Il s'agit encore de quelque trame odieuse, pensa la belle Sarrasine, car Fallacia paraît heureux. Qu'avez-vous ? lui dit-elle avec douceur.

— Réjouissez-vous, noble sultane ; les portes de notre prison vont s'ouvrir.

— Les Normands s'éloignent-ils ?

Et il y avait une anxiété profonde dans ces paroles rapides.

— Nous les chasserons, par Mahomet ! Votre redoutable père a mûri un plan qui ne tardera guère à s'exécuter. Dans une heure, peut-être, le comte Jourdan aura quitté le camp avec son médecin, un Juif dévoué à notre cause ; il n'y rentrera pas...

— Un assassinat ! s'écria la jeune fille avec angoisse.

— Il doit partir à la première heure de
la nuit, et l'on nous délivrera de ce chef
fameux...

— Ah ! s'écria Ziza, pâle comme une
morte, en essayant de jouer l'indifférence;
ah ! vous allez me raconter cela, n'est-ce
pas, seigneur Fallacia? Il est bon que je
sache vos projets de liberté. Excusez-moi;
je m'absente pour quelques instants, mais
je reviendrai vite, car je désire tout savoir.

Et elle s'enfuit vers la galerie avec la lé-
gèreté d'un faible oiseau poursuivi par un
milan.

— Arck, Arck ! cria-t-elle, vite, vite,
mon fidèle serviteur. Tu m'aimes, n'est-ce
pas?

— Plus que tout au monde.

— Pour moi, tu ferais taire ta conscience, et tu exposerais ta vie, n'est-il pas vrai?

— Oui, sultane.

— Eh bien ! tu vas attacher une corde à un des créneaux du rempart, à l'extrémité de mes jardins : la nuit est noire, nul ne te verra, et tu te laisseras glisser. Escalade le grand pic ; tu le peux, toi, Arck, quand il s'agit de la vie de ta sultane ; un autre ne le ferait pas. Tu descendras rapidement la montagne, et tu te rendras d'un bond, comme la gazelle de tes déserts, au camp des chrétiens... Il s'agit de la vie de ta sultane, mon fidèle Nubien ; tu ne veux pas que je meure ?

— Les chrétiens sont nos ennemis, dit-il d'une voix sombre.

— Leur chef t'a sauvé la vie , pourtant.

— C'est vrai ; sultane, j'étais ingrat, je
me repens : dites – moi ce qu'il faut faire.
Pour l'esclave fidèle , entendre c'est obéir.

— Tu sais quelque peu du langage de
nos ennemis , demande *à voir le grand chef
des Normands :* rien de plus, je te l'ordonne;
on te conduira sous sa tente , tu lui remet-
tras ce papyrus, et tu reviendras rapidement par les pics. Cours comme une flèche
qui va vers son but, cours si tu veux que je
vive... Ah ! il sera temps encore, peut-être ;
le crime souvent marche à pas lents. Mon
Dieu , mon Dieu ! sauvez celui que j'aime
comme la part du ciel qui nous est promise.

Et toute haletante de crainte , l'œil terne, les lèvres violacées, la démarche chan-
celante, elle rentra vite dans le harem, afin

d'entendre l'entière confidence de cet épouvantable secret.

— Eh bien ! Fallacia ? lui dit-elle en
cherchant à déguiser son trouble, que
s'est-il donc passé ? qu'avez-vous résolu
pour notre délivrance ?

— Le comte de Nety sera bientôt dans
nos mains, répondit Fallacia sans rien
soupçonner ; on le conduit à cette heure à
Xacca, où votre père le surprendra...

— Toujours mon père quand il s'agit
de choses sanglantes ! pensa-t-elle avec
amertume.

— Vittumén l'attendait au passage d'A-
cis pour l'enlever avec ses cavaliers ; mais
le maudit Serlon s'est ravisé à la nuit, et
ils sont partis sur une galère.

— Il vous échappe ?

— Non, non, belle sultane. Le Juif a de la foi et du zèle : il est venu au péril de sa vie vers les défilés nous raconter ce changement malencontreux ; et vers le milieu de la nuit, quand les feux du camp et du fort avancé seront éteints, quatre Bisertins braves et sûrs sortiront par la poterne de ce palais, et, glissant sous les murailles, ils se dirigeront par les pics du Taurus, afin de gagner Catane.

— Mais les pics sont inaccessibles ? dit Ziza, effrayée pour elle et pour son pauvre Nubien qu'ils pouvaient rencontrer.

— Rassurez-vous ; Arck, votre esclave, les a gravis plusieurs fois : c'est lui qui les guidera.

— Y pensez-vous, seigneur Montelargo ? s'écria-t-elle, de plus en plus effrayée ; mais ce fidèle esclave est mon seul défenseur en ces temps de misère ; je ne puis souffrir qu'il s'éloigne de mon palais durant la nuit ; je ne le veux pas !

— Il s'agit de la mort de notre ennemi, noble sultane ; il faut que les Bisertins portent leur message à votre père, afin qu'il arme des galères pour se saisir du chef normand ; d'ailleurs l'émir de Biserte le veut.

— Mais ce barbare aura-t-il donc le droit de m'arracher mes esclaves, si bon lui semble ? Oublie-t-il que c'est de mon père qu'il tient son pouvoir ? Serai-je réduite à n'avoir pas un serviteur pour me défendre ?

— Ne suis-je pas le vôtre, gracieuse sul-

tane? répliqua le cauteleux personnage.
Cette nuit je me coucherai à la porte de
votre galerie, et je vais prévenir deux de
mes serviteurs afin qu'ils veillent aussi à
mes côtés.

— Non, Fallacia, non, restez avec moi
jusqu'à l'heure à laquelle viendront les Bisertins, je serai plus tranquille. — Parlez-
moi de ma mère, Fallacia.

Et, l'âme pleine d'angoisses, elle prêtait
l'oreille aux moindres bruits : le sourd
murmure des vagues que la brise de Grèce
apportait tristement, le cri sinistre de l'orfraie attirée par la lumière, ou le bruissement des phalènes qui agitaient leurs ailes
diaprées sur les longues courtines soyeuses,
tout lui causait un frémissement indéfinissable. Plusieurs fois déjà Montelargo avait
parlé de se retirer pour donner ses ordres

au Nubien et aller chercher les guerriers
afin de les introduire dans le palais ; mais
la peureuse Ziza le retenait encore quand
un bruit de pas se fit entendre.

— C'est Arck, dit la jeune fille en se
levant précipitamment ; restez, Fallacia,
je vais lui donner quelques ordres avant
de vous l'abandonner.

— Que Mahomet te protége, mon serviteur ! murmura-t-elle, respirant à peine.
Eh bien !...

— Le chef est parti, sultane.

— Parti !... parti ! répéta-t-elle en laissant tomber ses mains.

Et, brisée par la douleur, elle entra pré-
citamment dans sa chambre, oubliant que

Fallacia pouvait se livrer à des soupçons sinistres en interrogeant seul le Nubien, dont les vêtements étaient baignés de sueur.

Mais le Grec n'y songea pas, tant le projet de son maître absorbait toutes ses facultés ; et quelques instants après cette scène, les Bisertins et le malheureux Arck, conduits par Montelargo, sortirent de la poterne du palais de Ziza avec une précaution extrême, et, gravissant les pics escarpés, les quatre Bisertins marchèrent bientôt dans la direction de Catane, flairant le sang des chrétiens, pour ainsi dire, comme des loups affamés qui courent à la curée.

LA PRISE DE ROME

PAR LES NORMANDS.

> Il y a des peuples privilégiés, à cause de la grandeur de leurs faits d'armes, qui semblent autant de récits fabuleux. Parmi ces peuples, la race normande est assurément au premier rang.
>
> Comte L. DE CHABNY.

X.

Maintenant jetons un coup d'œil rapide
sur les événements qui agitaient l'Italie
et la Sicile, et sur la politique suivie par
les aventuriers du Nord.

La guerre continuait avec un acharnement frénétique entre les Normands et
Alexis Comnène, empereur d'Orient. Après
avoir chassé les Grecs des Calabres, Robert

Guiscard construisit des galères, et, traversant la mer d'Ionie, il courut ravager l'Épire et mettre le siége devant Durazzo [1].

Ce siége fut long et terrible. Une cohorte de Dalmates, guerriers courageux, s'était enfermée dans la ville et donnait de vives inquiétudes à Guiscard; mais un certain Dominique, marchand de Venise, à qui l'on avait confié la garde d'une tour, se laissa séduire et abaissa son pont-levis devant les Normands. Ceux-ci plantèrent leur gonfanon rouge au sommet de la tour, et, trois jours après, les Grecs et les Dalmates se soumirent [2].

Guiscard, après avoir nommé Froment de Rosoi gouverneur de la cité conquise,

[1] Geof. Malat. — La chronique.
[2] Le sécont livre de Robert Viscart.

partit avec son armée pour Cattaro, dont
la forteresse, avancée dans la mer comme
un môle, était confiée à la garde de trois
cents Anglais[1]. La haute renommée du duc
ayant effrayé les Grecs et leurs auxiliaires,

[1] Et Alexi avoit miz en guarde de celle cité troiz cent
Engloiz, quar non se confidoit de li paourous Grex. *La
Chr. de Viscart*, 2e livre, page 306.

Plusieurs vieux chroniqueurs se sont assurément trom-
pés à propos de ces émigrations si lointaines, et ont par
cela même induit en erreur de graves historiens modernes, entre autres M. Augustin Thierry, dont l'autorité
est souvent une puissance. N'est-il pas en effet bien bizarre
que ces lourds Saxons, à peu près barbares, ignorant
surtout la géographie, aient émigré en Orient plutôt que
de grossir l'armée de leurs frères restés indépendants?
Après la célèbre bataille d'Hastings, les Anglais insoumis
se retirèrent en Écosse, sous la conduite des comtes
Edwin et Morcar; mais ils revinrent dans la mère-patrie
avec les Danois, commandés par le prince Edgar et le
comte Velteof, où presque tous furent exterminés dans
la sanglante guerre des *Ecclésiastiques révoltés*, quand,
sous la conduite d'Herevard et d'Égelvin, évêque de

ils ouvrirent leurs portes en demandant
protection à Guiscard contre l'empereur,
dont le joug était trop pesant et peu glo-

Durham, ils vinrent se retrancher dans l'île d'Ély, pro-
clamant fièrement leur indépendance *.

(Hist. inédite des Ducs de Normandie.)

* A propos de ces Anglais de Cattaro, je suis forcé de relever une erreur assez grave dans laquelle est tombé M. Augustin Thierry, cet Homère de l'histoire :

« La population vaincue était traversée dans tous les sens
par l'armée des conquérants normands (les soldats de Guillaume).

« Ceux auxquels il restait quelques moyens de s'expatrier
se rendaient vers l'ouest, dans les ports du pays de Galles, pour
s'y embarquer, et aller, selon l'expression des vieilles annales,
promener leur douleur et leur misère à travers les royaumes
étrangers. Une troupe de ces fugitifs, réunie sous la conduite
de Siward, ancien chef de la province de Glocester, se dirigea
vers le midi, côtoya l'Espagne et *alla en Sicile offrir ses
services à l'empereur grec Alexis.*

« Alexis enrôla les émigrés saxons dans un corps de troupes
germaniques, soldées depuis longtemps par l'empereur sous
le nom tudesque de Wærings, ou sous un nom grec qui signi-

rieux. *Le Rusé*, par une politique extrêmement habile et généreuse, leur concéda
plus de libertés qu'ils n'en avaient sous

fiait PORTE-HACHES. Ils y conservèrent l'armure et la langue
de leur patrie et reçurent des terres dans l'Ionie, où une ville
fut bâtie par eux. Par une destinée bizarre, ces hommes,
chassés de leur terre natale par l'invasion des Gallo-Normands,
combattirent sous les drapeaux de leur nouvel hôte contre
d'autres Gallo - Normands, envahisseurs de l'Apulie, et à la
bataille de Durazzo, que perdit Robert Guiscard ou Guichar,
aventurier et conquérant comme Guillaume, les exilés de
l'Angleterre formèrent le premier rang de l'armée impériale
grecque.»

  (Aug. Thierry, *Histoire de la Conquête de l'Angleterre par les Normands*, t. ii, p. 127 et 128.)

 Nous ne voulons pas nier que les Anglo-Saxons soient allés
s'enrôler sous les bannières impériales d'Alexis. Anne Comnène,
sa fille, Orderici Vitalis, et le moine du mont Cassin l'affirment,
et quelles que soient les incertitudes à propos de cette émigration,
nous devons l'admettre; mais les Anglo-Saxons *n'ont jamais
pu venir offrir leurs services en Sicile à l'empereur Alexis
Comnène, qui n'a jamais été maître de cette île et qui ne l'a
jamais visitée.* Les Arabes la possédaient depuis deux siècles
et ils la *possédaient* bien. Ce ne fût que vers 1038, sous Mi-

Alexis, et cette magnanimité s'étant ré-
pandue avec rapidité par toute la Macédoine, un grand nombre de châteaux et
de cités se soumirent à sa puissance.

Toutes ces choses se passaient vers 1083.

chel IV le Paphlagonien, que Maniakis, gouverneur de Baas-
paracan, le plus fameux général des Grecs, vint faire une
invasion en Sicile, aidé par Guillaume Bras-de-Fer, Onfroy et
Drogon, tous fils de Tancrède de Hauteville ; mais la mésin-
telligence ne tarda guère à éclater entre les Grecs et leurs
puissants auxiliaires, à cause des dépouilles des Sarrasins auxquelles les hommes du Nord n'eurent aucune part ; ils se retirèrent alors, et depuis cette époque (1042, règne de Constantin Monomaque), aucun guerrier du Bas-Empire ne foula plus
le sol de Sicile ; et ce ne fut que longtemps après, quand
Théodora, Michel Stratiotique et Constantin Ducas eurent été
forcés d'abandonner aux Normands la Pouille et les Calabres,
que les Tancrède repassèrent en Sicile, et en firent la conquête
sur les Arabes, qui la possédaient depuis deux siècles.
Il s'écoula encore *quarante années* avant qu'Alexis ne par-
vînt à l'empire, et Comnène avait trop d'ennemis dans l'Épire,
au cœur de ses états, pour songer à venir arracher la Sicile à
ses redoutables compétiteurs.

Après les différends fameux que les Tancrède avaient eus avec le pape Grégoire, et que fort spirituellement ils avaient tranchés avec leurs glaives, le pontife, reconnaissant la force de ces audacieux aventuriers, imita son prédécesseur, et leur donna la Pouille et les Calabres en investiture, tout en les forçant à relever de sa chaire apostolique. Jamais inféodation ne fut plus ridicule ! c'était un mot; les Normands le méprisèrent au fond de leur cœur et s'y soumirent au grand jour, ce qui nous semble un acte de rusée et haute politique.

Néanmoins la papauté put compter sur eux, car vingt fois ils la sauvèrent.

Henri IV, empereur d'Allemagne, venait de descendre en Italie par les riantes plaines du Frioul, et, longeant rapidement l'A-

driatique, il se reposa à Ravenne, qu'il af-
fectionnait. — L'évêque Gillebert vint le
saluer à son passage : «Suivez-moi, illustre
« prélat, lui dit-il ; venez à Rome ; les ha-
« bitants vous désirent, et moi je veux
« vous mettre en la place de l'orgueilleux
« Grégoire que je vais déposer. »

L'affection du peuple est capricieuse
comme un enfant de grand seigneur,
devant qui un monde de valets s'agenouille.
La canaille romaine, depuis les beaux jours
de Cicéron jusqu'aux aimables coups de
couteau de Trastevère, a toujours été canaille, infâme et féroce, quoi qu'en disent
les historiens. Sous ce rapport, Paris fournit
bien aussi son contingent de misérables et
de criminels éhontés. Un *honnête* plébéien
de la rive droite du Tibre est aussi rare
qu'un *courageux* Napolitain de la base de
Pausilippe ou du *Mercato del Carmine*. Ce

sont des choses fabuleuses, et vraiment la
fable est bien vieille pour y croire.

Donc, la populace de Rome se rua au-devant de son empereur et de Gillebert, qu'on
salua pape; puis, vociférant contre Grégoire, elle applaudit bruyamment quand
Henri l'assiégea dans sa tour de Crescencia[1].

Grégoire envoya un simple prêtre à
Guiscard pour l'intéresser à son sort. Le
duc, qui craignait le pouvoir de l'empereur
en Italie, et qui ne voyait pas sans effroi
la puissance de ce sceptre qui d'un bout
touchait à l'orient et de l'autre à l'occident;
le duc, d'ailleurs plein de fidélité et de constance, *fu moult conturbé en soi-meismes*,
et se déclara pour le pape contre Henri IV.

[1] La tour de Crescentius, qu'on appela plus tard le
Môle d'Adrien. C'est aujourd'hui le célèbre *Château
Saint-Ange*.

Alors, s'embarquant sur une nef fragile, il accourut à Ydronte (Otrante),
rappela auprès de lui Bohémond, qu'il fit
capitaine de l'armée, et publia des lettres
de commandement par lesquelles les piétons et les hommes d'armes, les écuyers
et les chevaliers, soit normands, soit lombards, eussent à se trouver à la fin des
ides de mars sur les confins de la Campanie, pour le suivre à Rome.

Le comte Roger commandait la cavalerie normande, corps redoutable auquel
rien ne résistait. Serlon le père guidait
l'infanterie, et le duc était à la tête de sa
noblesse de la Pouille et des Calabres.
Arrivés sur le sommet d'Albano, ils virent
se dessiner toute brune et tout inégale, au
milieu de sa blanche campagne aride,
cette Rome des Césars, ce colosse expirant
—mosaïque de ruines au milieu d'une na

ture ruinée ! et l'armée de Guiscard poussa
des acclamations d'une joie effrayante qui
allèrent d'échos en échos troubler le
sommeil de la ville silencieuse des sept
collines.

Le duc des Normands rangea ses troupes en bataille, croyant que les Allemands
et les Romains viendraient l'attaquer; mais
l'empereur battit en retraite et laissa Rome
seule exposée aux vengeances. Un pan de
muraille fut renversé près de la pyramide
de Caïus Sestius, et les Normands, se pré-
cipitant dans la ville avec furie, brûlè-
rent un quartier des rives du Tibre; puis
Guiscard, malgré les Romains, délivra
Grégoire et le conduisit à son siége, dans
la basilique de Saint-Jean-de-Latran.

Alors le grand et noble peuple vint,
comme toujours, demander la paix au duc

et implorer le pardon du pape, qui se rai-
dissait contre tant d'outrages et qui songeait à se venger cruellement. Oh ! il fut
implacable dans ses haines ! Mais malgré
les grandes démonstrations de joie de ses
bons Romains, il eut peur et s'en alla en
Pouille avec Robert Guiscard.

L'armée fut divisée : Bohémond partit
pour la Grèce, précédant son père, qui
voulait mettre le pape en sûreté à Bénévent.
Serlon demeura pour gouverner les provinces conquises en Italie, tandis que Roger, effrayé des mauvaises nouvelles de la
Sicile, courut s'embarquer à Amantea,
dans le golfe de Sainte-Euphémie, se
dirigeant de là vers Messine.

L'ASSAUT.

— Vassal rebelle, dit Robert de Normandie avec hauteur, quand on emploie par félonie le fer et la flamme, on ne doit pas attendre de merci du vainqueur.

Robert le Magnifique.

XI.

XI.

Six jours mortels s'étaient écoulés depuis le départ de la galère qui emportait Jourdan, quand le comte Roger arriva au camp de Tauromène. La joie éclata de toutes parts à la vue de ce chef si brave et tant aimé; mais son cœur à lui ressentit une douleur profonde en voyant ses tentes en lambeaux, sa courageuse armée réduite, décimée, et il ne put retenir ses larmes quand on lui eut appris et la dangereuse blessure de Jourdan et les cruelles incertitudes auxquelles on était en proie sur sa destinée.

Mille idées se succédèrent rapidement dans son esprit pour sauver ce fils chéri, l'honneur et l'appui des Normands en Sicile. Vingt fois il s'arrêta au projet de lever le camp, de marcher sur Xacca avec toute son armée; mais il pensa bientôt que ce serait plutôt assurer la mort de Jourdan et le faire découvrir en cas qu'il eût pu se soustraire aux dangers qui le menaçaient. Il resta en proie à une affreuse angoisse, et n'eut plus d'autre espérance qu'en Dieu.

Alors, tourmenté ou plutôt aigri par ce revers et par l'insigne mauvaise foi des Sarrasins, il fit venir de Calabre une nouvelle cohorte, et prépara ses troupes à donner un assaut.

Pour mieux assurer le succès, il eut recours au fanatisme religieux. Les prêtres du camp furent mandés; ils célébrèrent une messe solennelle, et, après avoir demandé au *Créateur de tous* qu'il leur prêtât assistance pour exterminer les Sarrasins, ils parcoururent les lignes des tentes le crucifix à la main, en exhortant les chrétiens à venger leurs outrages.

Ce fanatisme, qui fit donner aux Sarrasins l'épithète de barbares, contre laquelle nous avons protesté, était cependant une nécessité grande que l'époque réclamait; c'est cela qui a sauvé l'Europe à n'en pas douter. Il fallait nécessairement prendre un parti violent pour soulever tous les peuples contre cette race conquérante,

dont la marche religieuse et politique
était un triomphe éclatant. Or, le plus violent parti auquel l'homme puisse s'arrêter,
c'est le fanatisme religieux !

L'assaut fut fixé pour la dernière heure
de la nuit. De fortes rations de vin épicé
furent distribuées aux soldats afin de les
exciter encore, et, dès que la lune eut
complètement disparu de l'horizon, l'armée, divisée en six corps, se mit en marche, et gravit silencieusement les défilés.
Tout semblait si bien prévu, que nulle voix
de chef ne donnait aucun ordre; on allait,
on allait, les uns courbés sous de hautes
et lourdes échelles, les autres portant des
crochets et des poteaux nécessaires pour
l'escalade.

Les sentinelles de Tauromène, se fiant
trop sur l'accès difficile de leur ville et sur

l'élévation de ses murailles, s'abandonnaient souvent au sommeil quand elles
voyaient s'éteindre les derniers feux du
camp normand. Toutes, ou presque toutes,
dormaient quand les intrépides hommes
du Nord, conduits par un brave, Hélie
Arisgot, plantèrent leurs échelles au pied
des remparts.

Oh! que de cœurs battaient fortement
à cette heure! les uns animés par la gloire,
d'autres par le fanatisme ou la vengeance!
Quelques soldats furent égorgés, et, après
s'être concentrés vers la porte de Mola, les
Normands, impatients de venger leur chef,
se précipitèrent sur le rempart avec une
effroyable furie, en poussant leur cri de
guerre et en massacrant tout ce qui opposait de la résistance.

Ce cri, poussé avant l'instant marqué,

puis des torches imprudemment allumées,
réveillèrent cette garnison insouciante et
la ville qui dormait, confiante en ses guerriers. En un instant, Tauromène fut debout. Tout ce qui avait la force de manier
un cimeterre ou de lancer une flèche accourut à la porte de Mola, où les assiégeants
et les assiégés s'égorgeaient.

— Éteignez les torches, misérables!
criait Arisgot, cachez-leur notre petit
nombre. Hugues de Bréchie, lancez un
bélier contre la poterne, réunissez là deux
cents soldats, tandis que je vais me rendre
maître du palais de l'émir.

Et après ces ordres rapides, le fougueux
seigneur se précipita sur la muraille, et
s'en alla combattre au premier rang.

Les Sarrasins, revenus de leur frayeur

première, se rallièrent rapidement, et revinrent en grand nombre et avec impé-
tuosité faire face à leurs ennemis. L'a-
charnement des temps passés se renouvela
de part et d'autre. Nul n'obtenait de merci ;
le coup de grâce était la mort. Pendant
qu'on s'égorgeait ainsi dans les ténèbres,
des femmes se répandirent par les divers
quartiers de la cité, portant des torches ; et
bientôt le théâtre, la partie supérieure du
palais de Ziza, ses jardins et les alentours
de la porte de Mola furent éclairés comme
si l'on eût eu à déplorer un immense incendie.

Un parti de Normands descendit l'esca-
lier du rempart, et arriva vers la porte,
défendue par la moitié de la population :
jamais combat ne fut plus meurtrier. Les
Sarrasins défendaient leur vie et leur liberté ; les Normands, animés par l'amour-

propre et la vengeance, voulaient livrer passage à leurs frères, qui lançaient leurs béliers avec fureur de l'autre côté. Tout à coup, l'ardeur des combattants fut ralentie par un bruit effroyable, chacun abaissa son épée et s'arrêta. Le pont-levis venait de tomber sous les efforts multipliés de la machine, et les soldats se précipitèrent sous la herse avec le bruissement et la promptitude de l'avalanche.

Alors on entendit la terrible voix d'un chef, que répétèrent les échos sonores du théâtre, dire ces tristes paroles :

— A sac, à sac, la cité parjure ! Normands et Calabrois, pas de pitié aux vaincus ! tuez, tuez !

Depuis la nuit fatale où les quatre Nubiens étaient partis pour Catane, Ziza, en proie à l'affliction la plus profonde, restait ensevelie au fond de son palais avec Lucrecia, qui, chaque jour, lui enseignait la morale du Christ, ce divin roi des législateurs. A mesure que sa malheureuse destinée grandissait, elle devenait plus attentive, plus croyante, tant il est vrai que l'âme humaine est disposée davantage au mysticisme quand de violentes souffrances la courbent !

— Voyez, noble sultane, disait Lucrecia, voyez par moi-même combien la religion des chrétiens est admirable et inspire de résignation. Arrachée à des sœurs et des compagnes qui m'adoraient, privée de tout appui, vendue à des Mores de Mars-Allah qui n'attendaient qu'une occasion favorable pour me livrer à quelque guerrier riche

ou peut-être à un vieillard débauché,
qu'aurais-je fait sans cette foi ardente qui
me soutenait, sans cette espérance d'une
vie meilleure, de ce ciel qui nous est promis en récompense de nos douleurs?

— Mais ta destinée n'a pas été aussi sombre?

— Oh! que n'ai-je le courage et la force
de vous raconter ma déplorable histoire! Je
suis réduite à trouver les plus beaux de mes
jours ceux que j'ai passés dans l'esclavage,
dans l'avilissement et avec la crainte sans
cesse renaissante de l'opprobre; mais je
suis presque heureuse, grâce à vous, ma
souveraine bien-aimée : sans cela j'aurais
été déshonorée, ou je me serais vue forcée
à mettre un terme à mon existence, quoique mon Dieu défende le suicide à ses créatures. Mais il n'est pas inexorable quand

il s'agit de se soustraire à la plus affreuse
de toutes les infamies !

— Dis-moi, Lucrecia, s'écria Ziza, dont
les yeux s'animèrent tout à coup d'une
flamme étrange, ton Dieu me pardonne-
rait-il si je mourais pour n'être point l'é-
pouse d'un autre que celui que j'aime...
celui que j'aimerai toujours !

— N'ayez point de ces désespoirs violents,
bannissez-les de votre esprit ; songez, au
contraire, que vous serez un jour heureuse
et unie à celui qui ne vit que pour vous.

— Tu éludes ma question, Lucrecia ; ton
Dieu ne pardonne pas toujours.

— Le Dieu que je sers est infiniment
grand, tolérant et juste ; il apprend à ses

créatures à souffrir sur la terre, afin qu'elles goûtent au ciel toutes les félicités.

— Ainsi je devrais vivre si mon père me faisait violence et liait ma destinée à celle du motsallam de Biserte, un homme odieux, dont tu vois chaque jour la férocité ! Ta religion me commanderait l'obéissance, n'est-ce pas, Lucrecia, parce que je serais son épouse ? Eh bien ! c'en est assez pour me faire oublier les saints et sublimes préceptes que tu m'as enseignés : ce dernier efface tout. Je préfère rester musulmane.

— Au nom du Christ en qui vous croyez, malgré vos paroles, Ziza, écoutez ma voix ; au lieu de vous éloigner à tout jamais, achevez de vous convertir à la foi de mes pères. Non, elle n'est pas si rigide que je vous la fais peut-être ; quand la chaîne est trop pesante, on sait bien qu'il faut tomber

sous le faix ; mais la vie humaine est tellement sombre et malheureuse, que le frein
ne peut être trop fort et trop rude pour les
mortels, afin qu'ils ne s'abandonnent pas
à leurs tristesses. Ziza, soyez une femme
grande et sainte, vivez pour le comte de
Nety, et apportez-lui le cœur pieux d'une
chrétienne.

— Hélas ! il me semble que j'aurais agi
au gré de ses désirs ; mais ma destinée est
affreuse, affreuse ! Qui sait si à cette heure
il ne se débat pas en vain contre les tortures
du poison ou contre les assassins appelés
par le Juif ! Ah ! je me sens mourir à chaque
minute qui s'écoule. Crois-tu donc qu'on
puisse faire des projets quand l'existence
de celui qu'on aime est à la merci... des
cavaliers de mon père !... Mais, ajouta-t-elle
après avoir étouffé quelques sanglots, Lucrecia, ma bonne Lucrecia, j'ai honte de

ma naissance, de ma tribu, de ma croyance,
qui prescrit sans cesse la violence et le
meurtre. Lucrecia, à dater de ce jour, je
suis chrétienne !

— Ah ! s'écria la jeune Italienne avec cet
enthousiasme inouï qui caractérise son pays,
laissez-moi baiser vos pieds , ma gracieuse
sultane ; vous êtes un ange déjà digne de
remonter aux cieux ; vous venez de faire
une action sainte aux yeux de Dieu ; soyez
assurée qu'elle aura sa récompense. Quelle
joie à donner au noble Nety !

— Ne prononce plus ce nom , dit Ziza en
laissant couler ses larmes ; j'ai le cruel
pressentiment qu'il va mourir !...

Cette conversation avait lieu le soir qui
précéda la nuit de l'assaut ; elle dura longtemps encore ; leur situation physique et

morale devenant plus précaire, elles trouvaient chacune des pensées de résignation
dans leur cœur, ce consolateur inépuisable;
mais ce n'était pas sans de profondes terreurs qu'elles songeaient à la famine affreuse qui commençait à désoler de nouveau leur cité malheureuse.

— Si nous ne sommes pas bientôt secou-
rues, dit Ziza en congédiant sa compagne,
le peuple de Tauromène nous égorgera
pour piller nos palais. La misère au dedans,
la guerre au dehors, le comte Jourdan
absent de son camp—plus d'espoir de salut
en cas d'attaque. Ah! tout nous abandonne!
Mais à quoi sert l'affliction quand le mal
est sans remède? Adieu, Lucrecia, allons
nous livrer au sommeil; car le sommeil
est l'oubli des souffrances!

LA MÊLÉE SANGLANTE.

Le Marchand. — Qu'as-tu donc à pâlir, Ismaïl ?
le cadi n'est-il pas là ? n'auras-tu pas de l'ambre et
des parfums en échange de tes riches étoffes ?

Ismaïl. — Oui, sans doute ; mais cet homme dé-
guisé en saccard (enterreur de pestiférés), cet
homme me fait peur.

Le Marchand. — Chasse donc ces tristesses de ton
esprit, Ismaïl ; c'est un misérable qui n'effraie que
les mourants.

Ismaïl. — Fais silence, fais silence, c'est le meurtrier de ma mère !...

> Comte L. de Charny, *Les deux Marchands
> de Bagdad.*

XII.

XII.

Ziza s'éveilla en sursaut dès les premiers cris du combat; elle prêta l'oreille comme lorsqu'on sort d'un pénible rêve qui nous a fait apparaître des choses sanglantes; elle entendit bientôt de longues rumeurs, et des vociférations éclatantes, et le cliquetis des glaives, et des paroles de mort de toutes parts!... Alors, d'un bond, presque nue, échevelée, pâle et les yeux hagards,

elle s'élança vers la galerie et vit, aux
lueurs des torches, l'épouvantable vérité.
Les enfants et les femmes fuyaient dans la
direction d'un fort situé près du théâtre;
les vieillards obstruaient la grande voie;
les jeunes hommes couraient dans toutes
les directions; on entendait les plaintes des
blessés, le sifflement des flèches, les esta-
cades sur les boucliers; on se battait corps
à corps, épée contre épée, poignard contre
poignard, ainsi qu'en un champ clos! C'é-
tait horrible.

Ziza voyait cette scène de désolation de
sa fenêtre moresque, et, cachée à demi
sous la courtine, elle suivait avec une
anxiété affreuse les phases diverses de la
lutte; quand elle entendit les terribles paroles du comte : PAS DE PITIÉ AUX VAINCUS;
NORMANDS ET CALABROIS, TUEZ! TUEZ! Alors
elle pensa que la ville était prise; son ima-

gination, déjà brisée par l'effroi, s'alarma
plus encore, et déroula sous ses yeux le
tableau lugubre d'une cité saccagée; déjà
elle croyait entendre le bruit de la marche
des Normands, exaspérés par l'assassinat
de leur chef; elle croyait reconnaître la
voix cruelle du soldat grossier de la Capitanate, qui la réclamait pour prix de ses
affreux services; elle sentait tout son sang
refluer jusqu'à son front en voyant son
chaste voile de vierge soulevé par la main
sanglante de ce barbare. — Et nulle âme
n'était là pour la protéger; son amant,
l'illustre Nety, qui l'eût sauvée de tout
péril, gémissait sans doute au fond d'un
cachot, ou expirait sur le sable comme un
criminel. Il y avait bien de quoi tuer cette
pauvre jeune fille si abandonnée!

Lucrecia apparut en ce moment, une
torche à la main.

— Sultane, sultane, les Normands sont dans Tauromène ; qu'allons-nous devenir ? ils sont débordés par les Calabrois, qui ne rêvent que pillage et massacres : ils égorgent tout sans pitié ; c'est une boucherie à la porte de Mola.

— Et vous n'êtes pas là, Nety, noble cœur, pour en imposer à cette soldatesque féroce, pour l'empêcher du moins d'assassiner des enfants et des femmes qui n'ont pas lancé de flèches, ni fait sentir le tranchant du cimeterre.

— Écoutez, écoutez, Ziza, dit Lucrecia en laissant tomber sa torche, il me semble qu'on force la poterne de ce palais ; on gravit les escaliers ; on se presse dans la galerie extérieure ! ah ! Ciel, préserve-nous des guerriers des Calabres !

— Prions Dieu, et mourons, s'écria Ziza avec inspiration; mais mourons sans être souillées : celui qui juge nous pardonnera. Cours chercher un poignard, j'aurai la force de me frapper.

Un homme entra précipitamment dans la galerie et vint ajouter encore aux terreurs des deux femmes : c'était Montelargo, semblant un fantôme enveloppé d'un suaire.

— Que Mahomet nous protége! dit-il : les ennemis sont dans la ville, il faut fuir par les pics; mais c'est une chose impossible pour des femmes. Il n'y a plus qu'un moyen pour vous sauver, sultane : c'est d'aller implorer la protection du comte de Puiset, qui commande l'attaque.

— Les Sarrasins n'ont pas de plus cruel ennemi.

— Vous êtes belle, reprit-il; eh bien! restez enfermée dans ce palais; la première exaspération passée, les Normands deviendront plus traitables, et vous pourrez aller vous prosterner aux pieds du comte Roger; vous êtes si belle, sultane, qu'il aura pitié de vous! Ces hommes du Nord sont aussi galants chevaliers qu'homme de résolution et grande valeur.

— Je ne me prosterne que devant Dieu, seigneur Fallacia, reprit-elle avec dignité, et s'il le faut je saurai mourir!

— Et moi je vais essayer d'échapper à ces lions affamés, reprit-il.

Puis, sans songer aux périls qui entouraient la noble enfant qu'on lui avait confiée, le misérable Fallacia, après avoir redoublé ses angoisses, déjà si cruelles, s'éloigna rapidement, et se dirigea vers la muraille pour essayer de gravir les pics du Taurus.

— Le lâche! fit Lucrecia en le voyant partir.

—Que veux-tu, ma pauvre amie? l'ingratitude parle bien plus fort quand le danger est imminent; il voit que la mort plane sur nos têtes, il songe à sauver la sienne : chacun pour soi, c'est la loi naturelle. Dans presque tous les cœurs, chez la plupart des mortels, le dévouement s'arrête en face de l'abîme... On fera parfois le sacrifice de toute sa fortune pour son ami, mais on lui refuse sa vie. En cas pareil, ce serait l'exagération de l'héroïsme, et, à mes yeux, l'héroïsme pur est même un mensonge!...

— Non, sultane, non ; voyez Arck.

— Arck doit être au combat... Écoute...
écoute... les cris redoublent... quelle fureur ! quelle haine farouche !... on se bat
sous les murs de mes jardins. — Arck !
cria-t-elle d'une voix haute.

Le Nubien accourut, le cimeterre à la
main, et il vint s'arrêter à quelque distance de Ziza, dans l'attitude d'un homme
profondément malheureux.

— Tu n'imites donc pas le seigneur
Fallacia, mon brave Nubien ? cependant tu
n'ignores point que tu peux échapper aux
ennemis, toi, tandis qu'en restant ici tu
vas mourir.

— Ne suis-je pas l'esclave de ma sultane ?

— Ah ! la pensée de l'esclavage doit s'oublier quand la vie est menacée ; c'est à une pareille heure qu'on doit vouloir reconquérir son indépendance pour vivre... pour vivre heureux ! mais pour toi il en est temps encore : va-t'en, mon fidèle serviteur, je te donne ta liberté.

— Pour la première fois de ma vie, sultane, reprit le jeune et noble esclave, je ne vous obéirai pas ; je vous défendrai, s'il le faut, contre toute une armée. Quand on entrera ici, on aura passé sur mon cadavre.

— Et je mourrai de même ! ainsi, va-t'en, Nubien, va-t'en, je te l'ordonne. Entends-tu les cris des vainqueurs ? vois-tu les lueurs de l'incendie ? Ah ! la belle ville du Taurus va périr !

— Aurez-vous la force de vous soutenir sur mes épaules, sultane? j'essaierai de vous sauver.

— Et Lucrecia?

— La chrétienne ne périra pas sous le glaive des chrétiens, dit le Nubien avec insouciance; les tigres laissent en paix les tigres!

— Je ne veux pas de tes services, esclave! Je serais criminelle si j'abandonnais ma sœur à des hommes qui frappent avant d'entendre. Crois-tu que les féroces Calabrois lui demanderont, avant de la frapper avec l'épée, si elle est chrétienne? Non, non, elle est captive chez les Sarrasins, elle mourra comme eux, et ce sera grâce à la dureté de ton cœur, esclave!

— Pardonnez-moi, ma noble sultane, s'écria le pauvre Nubien en se roulant à ses pieds ; pardonnez-moi ; mais en sauvant vos jours je mourrai peut-être à la peine : vous ne savez pas combien il y a de rudes coudées à gravir !

— Eh bien ! dit Ziza, nous mourrons tous !

—Écoutez, écoutez, sultane ! n'entendez-vous pas le cri de guerre de nos frères ?... écoutez, le combat cesse... le tumulte s'apaise.... le bruit s'éloigne... Allah ! Allah ! les Normands fuient ; nous allons les vaincre *inch Allah* (s'il plaît à Dieu) ! Sultane, vous n'êtes plus en danger ; je cours me joindre à mes frères : un bras de plus est quelquefois utile dans une grande bataille !

Et le courageux esclave s'échappa de la galerie en brandissant son large cimeterre, en poussant le cri terrible des déserts :

— HAGGOËL HADDAM, voilà le vengeur du sang !

— C'est pour calmer nos craintes, dit Ziza ; ce silence est un silence de mort ; il n'y a sans doute plus de guerriers sarrasins capables de soutenir une épée, et les chrétiens attendent le jour pour achever leur œuvre vengeresse. Car, crois-le bien, Lucrecia, ils ne se montrent si acharnés et si intraitables que par suite des perfidies atroces des hommes de ma race.

— Hélas ! il faut que leur haine soit bien grande, car le Christ a dit aux hommes : Faites le bien pour le mal, et tous nos ennemis, à cette heure, sont des enfants du

Christ; mais ils veulent venger le comte de Nety, leur illustre général.

A ce nom chéri, Ziza ne put retenir d'abondantes larmes : tout le temps qu'elle avait eu de sérieuses craintes pour elle, sa pensée, absorbée par une telle situation, s'était détournée de Jourdan ; mais alors son image revint plus aimée et plus digne de regrets.

Un gémissement plaintif, comme le râlement prolongé d'un homme qui expire, retentit tout à coup sous les voûtes de la galerie et vint ajouter aux frayeurs et aux tristesses de ces deux femmes. Elles se regardèrent l'une l'autre en semblant s'interroger.

— Sultane Ziza, belle sultane, dit une voix en langue franke.

— Un Normand, Lucrecia ! ici, là, sous nos fenêtres : si c'était !.!. Ah! je suis folle ! N'as-tu pas reconnu cette voix ?

Et elle s'avança vers sa fenêtre avec une rapidité incroyable.

— Sultane Ziza, reprit la voix, venez.

Et le tumulte recommençait, les cris devenaient plus distincts, on entendait résonner les armes, et une multitude guerrière revenait vers la ville.

— Que Dieu nous soit en aide ! s'écria Ziza ; il faut voir cet homme ; Lucrecia, couvre-toi d'un manteau, prends cette torche et suis-moi.

Un soldat normand était à genoux à la porte du palais, dans une attitude sup-

pliante ; son sang coulait à flots par de
nombreuses blessures , et c'était à grand'-
peine que sa main soutenait encore sa pesante épée.

— Est-ce un vainqueur qui vient implorer du secours ? demanda la jeune fille
d'une voix mal articulée.

— Non, repartit le soldat, c'est un vaincu
qui va mourir et qui venait pour vous sauver ;... mais la fortune a trahi nos armes.

— Quoi ! les Normands sont repoussés ?

— Oui , repoussés... vaincus... massacrés !... Je venais... Le noble comte... mon
général , m'envoyait.

Et sa bouche s'emplit tellement de sang
qu'il lui fut impossible de continuer.

— Le comte de Nety est-il donc au camp ?
Est-ce lui qui vous a envoyé vers moi. Ras-
semblez toutes vos forces, mon brave guerrier ; parlez, parlez ! Nety a-t-il échappé à
ses assassins ? Rendez-moi la vie, par pitié,
ah ! parlez, parlez !

Le malheureux soldat leva ses yeux mourants vers la jeune sultane , et lui fit comprendre qu'il voulait un peu d'eau ; quand
il eut bu, il prononça encore quelques paroles.

— A la prière du comte Jourdan je suis
venu.

— Ah ! il vit ; il songeait à me soustraire
au péril ! Ah ! mon noble Nety !

— Ce soldat se meurt, dit Lucrecia ; écou-
tez-le ; tenez, ses yeux deviennent fixes.

— Guerrier normand, parle-moi de ton chef, dis, parle encore.

— A tout prix, sultane... vous sauver!... Serlon... le comte de Nety... Arisgot le fier... mort!...

Et il tomba pour ne plus se relever.

— Mon Dieu! mon Dieu! quelles épreuves! s'écria Ziza; les récits incohérents de ce malheureux redoublent mes incertitudes : pourquoi tant d'angoisses dans mon espérance? Ah! qu'ai-je fait, qu'ai-je fait pour tant souffrir?

Alors les rues de Tauromène retentirent de mille cris sauvages; la gaîne d'acier des glaives traînait sur les dalles; c'était un enfer!

— ALLAH-KÉRIM, Dieu est grand ! hurlaient des voix effrayantes ; ALLAH-KÉRIM !
...Le trophée chez la sultane !

— Oui, le trophée chez la sultane, et mort à tous les chrétiens !

— Que pas un blessé ne se relève, criaient les Arabes, égorgez tout sans pitié.

— Le trophée chez la sultane ! allons !

Ziza, toujours en proie aux pressentiments les plus funestes, sentit un frisson mortel glisser dans ses veines au dernier cri de ces barbares ; il lui semblait que ce trophée devait être quelque chose d'odieux.

C'était la tête du comte Hélie Arisgot !

— Voici la plus noble dépouille de cette nuit sanglante, magnifique sultane, dit le motsallam des Nubiens! Placez-la sur le balcon de votre palais, afin que les Normands tremblent!

— C'était un ennemi acharné, dit Ziza.

— Avant qu'une semaine ait passé, la tête de Jourdan sera aussi à vos pieds, sultane; et j'irai la jeter ensuite dans son camp.

— Est-il entre vos mains?

— Qui le sait?... Mais pour aujourd'hui qu'importe? J'ai chassé ces misérables aventuriers qui combattent de nuit comme des loups; je les ai repoussés jusqu'à leur forteresse, et pour revenir il nous a fallu marcher sur des monceaux de cadavres.

La physionomie féroce de cet homme, le son rauque de sa voix et son attitude frappèrent les esprits de Lucrecia, qui s'approcha de la sultane avec inquiétude ; elle considéra le motsallam, dont les traits étaient à peine éclairés, et bientôt elle tomba dans une rêverie profonde, semblant interroger de douloureux souvenirs.

Puis elle s'approcha plus près encore de cet homme, épiant ses moindres gestes, attachant son regard sur son regard, cherchant à lire sur son front et sondant jusqu'aux derniers replis de son cœur. Cet instant fut rapide comme un cri, mais il suffit pour décomposer les traits ravissants de la jeune et belle Italienne. Il y avait alors dans son regard toute une tragédie ! !...

— Et maintenant que comptez-vous faire,

seigneur motsallam? dit Ziza; les chrétiens réparent vite leurs pertes, et déjà la
famine nous ronge.

— Votre père ne tardera guère à venir
à notre secours.

— Et s'il n'y vient pas?

— Il y viendra après la mort de son ennemi.

— Mais s'il ne vient pas, seigneur? répéta-t-elle toute découragée.

— Eh bien! reprit il d'une voix sombre
et dure; nous ferons ce que nos ancêtres
ont fait faire aux Grecs de Syracuse; NOUS
MANGERONS NOS MORTS [1]!

[1] Lors de l'invasion des Arabes en Sicile, sous le suc-

Une vive lumière brillait alors dans la galerie, et l'aspect farouche de l'Arabe apparaissait sous son jour le plus hideux; tout à coup Lucrecia s'avança vers lui en s'écriant d'une voix lamentable : — Malheur ! malheur sur nous, sultane Ziza, voici le cruel Djezzar !

Puis elle vint rouler privée de sentiment aux pieds de sa maîtresse toute bouleversée par cette scène étrange et douloureuse.

cesseur d'Abbas Ebn al Fasl, ils investirent Syracuse par terre et par mer. Les malheureux Grecs, pour conserver leur indépendance, furent réduits, pendant le mois de juin de 878, à manger leurs morts ! et malgré cet horrible héroïsme, la triste Syracuse fut moins heureuse qu'au temps de la guerre des Athéniens : elle devint esclave.

(Chronique arabe de Cambridge.)

HISTOIRE DE LA CAPTIVE.

— Songez bien, mon maître, que nous autres
nous ne reconnaissons ni courage, ni esprit, ni
talents, à un individu quelconque, s'il n'est chrétien et surtout bon gentilhomme.

LE HOBEREAU D'AUTREFOIS, *comédie*.

XIII.

XIII.

Ce cri lamentable poussé par Lucrécia, cet évanouissement subit au milieu de la cohorte armée du motsallam, firent une impression profonde sur l'esprit de la jeune sultane ; elle remercia d'une voix brève et pleine d'une raillerie triste et amère le chef arabe et ses guerriers du trophée qu'ils lui avaient apporté ; puis elle les pria de se

retirer, ayant besoin d'être seule pour donner à sa compagne tous les soins qu'exigeait
sa position affreuse. Et d'ailleurs, elle n'é-
tait pas sans de vives appréhensions à propos du malheureux soldat de Serlon, dont
le cadavre gisait au fond de la galerie caché
sous une courtine de brocart. Entourée
d'hommes à demi barbares, la présence
de ce cadavre pouvait, en un instant,
causer sa ruine et celle de sa jeune
amie.

Le motsallam s'inclina jusqu'à terre aux
pieds de la jeune fille, dont la prière
était un ordre devant lequel tout devait s'abaisser; mais, cette fois, ce n'é-
tait point le sentiment de soumission des
Orientaux qui le faisait agir ainsi, c'é-
tait une curiosité pleine d'angoisse : cette
voix de femme si vibrante l'avait ébranlé
comme un violent frisson de la fièvre; ses

dents se choquaient entre elles, une sueur glacée inondait son front ; et quand il eut vu à demi le visage de Lucrecia, dont le voile s'était quelque peu détaché dans sa chute, il s'écria d'une voix sourde :

— C'est elle ! c'est elle !… Et il demeura immobile, debout devant Ziza, ayant l'apparence d'un homme attéré.

— Quoique ce soit la première fois que Votre Grandeur vienne ici, seigneur motsallam, reprit la sultane, je vous prie, pour mon honneur et par crainte de mon père, de vous retirer avec vos guerriers [1].

[1] Un motsallam était gouverneur d'une cité pour un émir ; l'émir relevait d'un émiralem, ou porte-gonfanon d'un kalife ou d'un soudan. Cette haute charge ne se donnait guère qu'aux vieux et illustres généraux. Le titre de motsallam n'a pas vieilli ; les gouverneurs de bourgades le portent encore dans quelques parties de la

L'Africain, rappelé à son devoir, s'éloigna, non sans jeter un nouveau regard sur l'Italienne ; et bientôt le palais retomba dans son silence habituel, n'ayant plus que ses quatre hôtes, Ziza, Lucrecia, le Nubien et Montelargo.

Revenue de son évanouissement, la jeune chrétienne s'écria en promenant ses grands yeux noirs tout hagards dans la profondeur de la galerie :

— Où est-il, ce monstre, ce cruel Djezzar [1] ?

Syrie, et en remontant vers le golfe Persique et le Diarbekir.

[1] *Djezzar*, littéralement *le Boucher*. Chez les Mahométans, il y a très-peu de noms de famille. Les Turks n'en comptent que quatre, qui viennent de la maison ottomane ; les autres prennent leurs noms soit de la force physique, soit de la force morale, soit des vices du corps ou des vertus du cœur.

— Calme-toi, ma tendre amie, reprit Ziza, nous sommes seules. Mais que t'a-t-il fait, cet homme? D'où le connais-tu?

— Cet homme, répliqua-t-elle avec une exaspération toujours croissante, cet homme, c'est le démon! il est cause de mon esclavage et de la décadence de ma race. Il a tout anéanti!

— Eh bien! dis-le-moi; tu sais, toi, que le cœur d'une amie est le refuge des larmes douloureuses.

— Oh! je le sais, ma noble maîtresse; mais c'est mon histoire que vous me demandez, et c'est vouloir rouvrir d'horribles blessures.

— Les peines se partagent comme les richesses, jeune fille, dit le mielleux Fal-

lacia, qui n'avait eu garde de s'éloigner
en voyant une chose si étrange ; quand
nous voyons des pleurs se mêler à nos
pleurs, il semble que cela diminue l'angoisse qui les fait couler.

— Tu as raison, bon Fallacia, repartit
Ziza d'une voix émue et triste ; allons, ma
Lucrecia, étends-toi à mon côté sur ces
coussins, et dis-nous l'histoire de ta vie.

Alors la captive, vaincue par d'aussi
tendres supplications, raconta ses douleurs en ces termes :

« Vous savez que je suis Ligurienne. La
Ligurie est une contrée heureuse, et si fa-
vorisée du Ciel, que le sol y est toujours
jonché de fleurs, l'air imprégné de par-

fums, la mer azurée, et nos belles montagnes Apennines sans cesse éclairées des
feux d'un soleil bienfaisant. Ah ! pour les
bannis ou pour les captifs, la patrie est
toujours belle ; mais quand cette patrie est
l'Italie, les regrets sont plus poignants
encore !... Pardonnez à mes larmes, ma
bien-aimée maîtresse ; mais chaque fois que
ma pensée se reporte au pays de mes
pères, je pleure ! — car les pleurs et les
souvenirs sont deux consolateurs que Dieu
a laissés à l'esclave... S'il n'a pas la liberté
d'action, il a du moins celle de la pensée,
que nulle tyrannie ne peut enchaîner !
Mais, pour vous faire comprendre combien je fus marquée du sceau de la fatalité, je remonterai jusqu'au mariage de
ma mère.

« Dans la petite ville maritime d'Albenga, vers l'extrémité de la courbure

du superbe golfe de Gênes, vivait, il y
a environ vingt années, un vieux seigneur de race si ancienne, qu'il préten-
dait descendre par les femmes du dernier
roi de Rome Tarquinius : il avait soixante-
quinze ans bien comptés, et se nommait
Luigi Paolo Capiti. C'était un homme de
grande taille, disgracieux de sa personne,
et si violent et si méchant, que nul n'avait
jamais vu la couleur de ses yeux, tant on
redoutait de le regarder en face. Il s'était
ruiné par des extravagances sans nombre
et par les amendes payées aux familles des
serfs qu'il avait tués ; bref, ce qui lui restait de plus précieux était sa petite fille,
une admirable enfant de quinze ans, si
belle que l'on vantait ses charmes à Rome,
cette reine de la beauté, où toutes les
femmes sont belles et divines ! Comme il
n'avait plus de fiefs à vendre, il spécula sur
Béatrix (c'est ainsi que s'appelait cette noble

personne), et la voulut marier à quelque
seigneur ayant des prétentions de race à
l'égal des siennes, mais mieux famé sous
le rapport de la fortune, ce qui était peu
difficile, attendu que le Capiti était pauvre
comme un marinier de San Remo. A force
de se creuser la cervelle et de courir les
pays voisins, il déterra un sien ami d'enfance, un vieux seigneur de son caractère,
rude, quinteux, guerroyant sans cesse
quand la sciatique ne le tenait pas de
longs mois à crier et à gémir sur son lit.
Tel fut l'homme qu'il voulut présenter à
Béatrix, cette perle de l'Italie.

« Béatrix avait déjà disposé de son cœur.
Un jeune et beau seigneur, Giacomo Brignole, ardent défenseur de la patrie, l'orgueil de Gênes, la république-mère, et la
joie d'Albenga, son pays natal : Giacomo
avait remarqué Béatrix; il s'était vingt fois

agenouillé près d'elle à l'église, avait frôlé
sa mantille avec ses lèvres, touché sa robe
flottante du bout de ses doigts, essayé de
lire les secrets de son âme dans ses longs
yeux bleus, et, dès qu'elle allait au *val del
Monte* avec ses compagnes, il courait par
les sentiers escarpés afin de la voir encore
sous les cédrats et les orangers, afin de
fouler l'herbe que ses pieds avaient froissée,
de respirer l'air embaumé où elle avait ex-
halé son haleine, plus fraîche, plus pure et
plus embaumée que l'air vivifiant de Sorrente, — Sorrente, où l'on voudrait toujours vivre !... Enfin ce pauvre Giacomo
fit tant que Béatrix l'aima.

« Or l'amour, c'est toute la joie ou à peu
près l'unique joie de notre existence ! De
tous les sentiments de l'âme, c'est le meilleur, le plus saint et le plus poétique. Aussi
rien n'était plus enivrant à voir que ces

deux amants, soit qu'ils courussent sur les
grèves, soit qu'ils s'égarassent dans les
gorges ombreuses de l'Apennin. Leur vie
était digne du ciel ; car, comment n'en serait-il pas ainsi dans ma patrie ? Se cou-
ronner de fleurs, s'enivrer de parfums et
des chants immortels des poëtes, glisser
rapidement sur les vagues bleues de la mer
de Tyrrhène, s'endormir les nuits au doux
murmure du vent de la colline qui agite
les frais citronniers, ou ouïr les ravissantes
mélodies du rossignol, aimer avec délices,
avec extase et volupté, contempler la peine
d'un œil calme et la laisser passer avec insouciance : voilà, Ziza, voilà la vie de
ma belle Italie ! »

— Quelle âme énergique as-tu donc,
Lucrecia, pour que l'esclavage ne t'ait pas
tuée après une existence si voluptueuse ?
Pauvre jeune fille... pauvre amie !

— Ah ! c'est que la religion chrétienne est pleine d'une résignation sublime. Mais revenons à mon histoire.

Et l'intéressante captive reprit le cours de son récit :

« Un soir, Paolo Capiti, contre sa coutume, alla trouver Béatrix dans sa chambre, et, après en avoir fermé soigneusement la porte, il lui parla de la manière suivante :

« — Ma fille, vous êtes l'unique rejeton de la plus illustre famille, non-seulement de ce pays, mais encore de l'Italie et du monde entier ; sans la république romaine (et que Dieu la maudisse !), vous seriez peut-être fiancée à quelque prince puissant ou même à un empereur ; mais les siècles ont passé, et avec eux sont venus pour les Tarquinius d'autres destinées. Cependant, on peut

parfois remédier aux choses les plus dé-
sespérées : ainsi, malgré la male fortune
qui m'a frappé, malgré notre décadence
apparente, et réelle au fond, je vous ai
trouvé un époux qui figure glorieusement
dans les emplois de la république; il n'est
pas très-jeune, mais il est puissamment
riche; il vous aime, et vous deviendrez sa
femme.

« — Mais vous n'ignorez pas, mon seigneur et père, répliqua timidement Béatrix, que j'aime Giacomo, et que j'en suis
tendrement aimée. Giacomo Brignole,
vous le savez, est d'une race tribuni-
tienne, et une race ainsi privilégiée pos-
sède, à juste titre, la plus haute de toutes
les illustrations.

« — Paix, Béatrix ! ce sont de folles amou-
rettes ; vous épouserez Pietro Pascuale,

seigneur de Borghetto. — Je le veux ! entendez-vous ; c'est ma dernière volonté.

« —Grand Dieu ! s'écria l'infortunée,
vous voulez lier ma destinée à celle de ce
vieillard turbulent, qui ne songe qu'à
commettre des exactions ! vous voulez me
rendre l'épouse d'un homme qui serait mon
aïeul ! mais tout cela n'est qu'une plaisan-
terie, mon père et seigneur ? Vous ne con-
sentirez pas à me rendre à tout jamais
malheureuse ! Songez que s'il ne faut qu'un
instant pour m'unir à cet homme, j'aurai peut-être vingt années de larmes et
d'angoisses !

« — Demain il vous enverra les présents
de noces, et dans la nuit du quatrième jour
la basilique d'Albenga verra vos épousailles.

« Et, après ces cruelles paroles, il sortit

de la chambre de Béatrix, qui fut prisonnière à dater de cette heure. Elle mit tout
en œuvre pour séduire le superbe descendant des Tarquinius : les supplications, les
larmes, les menaces, le désespoir et les
prières ; Tarquinius Ultimo fut inexorable,
car il y avait pour lui dans cette alliance
profit et gloire.

« Donc, au jour convenu, la malheureuse Béatrix fut mariée au vieux seigneur
de Borghetto, à la satisfaction grande du
dernier des Tarquinius, qui savait combien
l'honneur d'une fille amoureuse est difficile à garder, si chaste qu'elle soit. La cérémonie fut d'une somptuosité extrême,
selon les dits des chroniqueurs : le noble et vieil époux, qui faisait remonter
sa généalogie à Coriolan, étala tout le
luxe que lui permettait son immense fortune et qu'exigeait son nom ; mais loin

de séduire sa fiancée, qui pleurait comme la Madeleine, tout ce pompeux appareil et la toux rauque et continuelle de Borghetto ne servirent qu'à lui faire regretter plus amèrement encore les frais ombrages du val del Monte et l'amour de son jeune et beau Giacomo.

« Il était là, près d'elle, adossé à une colonne de marbre, ce pauvre jeune homme, quand on lui arracha le oui fatal, car elle ne voulut jamais se résoudre à le prononcer. Et il n'en mourut pas de douleur, malgré son affreux désespoir !...

« Un festin, digne de la Rome dégénérée, eut lieu après la cérémonie des noces; le vieux Capiti se gorgea tellement de bonne chère qu'il eut grand'peine à regagner sa demeure, où il mourut le lendemain. Hélas! pourquoi la mort, d'ailleurs si prompte et si impitoyable, a-t-elle tardé d'un jour?... Que de larmes, que de tristesses, que d'infortunes n'aurait-elle pas épargnées! Pour Borghetto, sa sciatique le reprit, et la jeune et belle épouse, vierge avec l'anneau de mariée, fut réduite à veiller nuit et jour auprès du descendant de Coriolan qui lui faisait endurer toutes sortes de tyrannies.

« Une nuit, qu'elle était à pleurer sur un des balcons de son château, elle aperçut une barque qui se balançait au gré des flots, et bientôt elle entendit la voix chérie de Giacomo Brignole, chantant leurs amours malheureuses; et il lui sembla que son amant faisait diriger la barque vers la porte des jardins... »

— Que cette histoire est donc touchante! dit Ziza en l'interrompant.

— Ah ! elle va devenir lamentable, reprit l'Italienne en essuyant les pleurs qui
roulaient sur ses joues.

Et d'une voix émue elle continua son
récit.

« Béatrix ne s'était pas trompée; Giacomo arrivait à force de rames, et sa voix, harmonieuse et pure, faisait entendre ces vers cadencés auxquels la nuit majestueuse prêtait un charme inexprimable :

Oublieras-tu jamais, ma sœur, ces jours heureux,
Ces fortunés instants où, dans un doux silence,

Nos deux cœurs, pleins d'amour, séduits par l'espérance,
   Aimaient ainsi qu'on aime aux cieux?

Oublieras-tu jamais ces rapides soirées
Où, dans les champs fleuris et les bois odorants,
Tes yeux jetaient sur moi des flammes adorées
   Ou de longs regards tout tremblants!

C'était, ô Béatrix, des temps pleins d'allégresse!
Mais les vents ont courbé ta fleur pour la flétrir...
O tendre sœur, dis-moi quelque mot plein d'ivresse
   Si tu ne veux me voir mourir!

« A peine le jeune seigneur eut-il achevé ce chant que Borghetto appela Béatrix à plusieurs reprises en toussant comme les échos d'une caverne.

« — Que voulez-vous, mon seigneur? lui dit-elle avec soumission et en tremblant.

« — Je veux boire, reprit le baron d'une voix rude. Mais pourquoi me laissez-vous, madame? pour mieux *pleurailler* à votre aise, n'est-ce pas? cela vous fait tort, très-grand tort, je vous assure : les pleurs n'embellissent point les femmes, et vous vieillissez à vue d'œil.

« Une joie maligne errait sur les lèvres du vieillard en prononçant ces paroles. Se sentant affaibli par l'âge, il aurait voulu entraîner avec lui dans la tombe cette Béatrix si belle et tant aimée du noble Giacomo Brignole.

« — Quels sont ces chants qui m'obsèdent par leur joie? reprit le vieux seigneur de Borghetto.

« — Je ne sais, repartit la jeune femme en rougissant... quelques mariniers peut-être, ou les pêcheurs de Lovano qui prient la madone de bénir leurs filets.

« — Allons, c'est bien, ou c'est mal. Mais il se fait tard, fermez la fenêtre et dites-moi les litanies.

« —Oui, mon seigneur; mais avant il faut que j'aille préparer de mes mains votre breuvage pour la nuit.

« Et sans attendre sa réponse, qui pouvait être grandement contraire aux désirs de son âme, elle descendit avec une émotion inexprimable dans les jardins où l'attendait Giacomo.

« C'était la première fois qu'ils se revoyaient depuis les noces fatales, ces pauvres jeunes amants ! et leur joie fut bien courte, car on entendit de nouveau la voix

saccadée et bruyante du vieux seigneur
qui appelait Béatrix.

« — Oh! puisses-tu être mille fois damné,
vieillard, s'écria Giacomo les dents serrées,
toi qui m'as volé mon bien, toi qui as em-
poisonné ma vie!

« — La madoné aura pitié de nous, mon
tendre Giacomo, repartit la Béatrix avec
une tendresse infinie.

« — Consens donc à ce que je te voie ici
toutes les nuits, répliqua l'impétueux
jeune homme, quand ce ne serait que
pour recueillir ton souffle avec mes
lèvres.

« — Eh bien! oui, puisque tu le veux.

« Et, toute craintive, elle s'échappa de
ses bras pour aller rejoindre son vieil
époux.

« Bien des mois s'écoulèrent ainsi. Pascuale Borghetto était de nouveau sur pied, recommençant ses courses chevaleresques, et maltraitant de plus en plus Béatrix, qui s'éteignait lentement dans les larmes...

« Par une chaude et orageuse soirée d'été qu'elle se trouvait seule dans sa chambre, prêtant une oreille attentive aux moindres bruits provenant du dehors, courant à des intervalles très-rapprochés à la fenêtre byzantine qui donnait sur une étroite terrasse, elle fut tout à coup troublée dans sa solitude par son jeune page, charmant adolescent qui avait pour elle un dévouement aveugle.

« —Vos ordres sont exécutés, noble dame, lui dit-il : le vieux Joanne, à qui j'ai donné un sequin de Venise et une pinte de vin d'Asti, veillera toute la nuit sur la plate-forme du château.

« —Il valait mieux lui donner deux sequins et pas de vin, cher enfant, car il est capable de s'enivrer et de dormir en-suite.

« —Je suis sûr de Joanne comme de moi-même, noble dame.

« —Au reste, toutes ces précautions ne serviront à rien, car la nuit est venue depuis longtemps, et nulle barque ne sillonne les eaux calmes du golfe !

« Un éclair brilla tout à coup à travers les vitraux grossiers de la fenêtre, et un violent coup de tonnerre lui succéda.

« — Prions Dieu, prions Dieu, Gaétano,
dit Béatrix en se signant; c'est un avis de
songer à notre salut… Mais dis-moi, mon
enfant, ajouta-t-elle d'une voix faible,
n'as-tu rien remarqué dans la conduite de
mon seigneur, lorsqu'il est parti ce matin
avec le sire de *San-Pietro del Monte*, et
quand il m'a baisée au front, en me disant
si lentement qu'il me faisait peur : Adieu,
madame ! à demain !

« — Non, reprit le page avec toute la joie
malicieuse de son âge ; il avait au contraire le visage moins sombre que de coutume : je ne dis pas plus riant, car, *per
Bacco !* un sourire n'a jamais germé dans
ses yeux gris ; mais il semblait moins farouche, moins vieux et plus humain…

« — Hélas ! plus humain ! tiens, mon pauvre page, regarde ce qu'il m'a fait la nuit

dernière, lorsqu'il est revenu de son expédition.

« Et la jeune femme découvrit son bras blanc et velouté, sur lequel on remarquait l'empreinte d'un gantelet de fer.

« — C'est horrible ! s'écria le page.

« — Et je vivrais davantage sous la tutelle de cet homme ! non, Gaétano, non ! Cet homme n'est pas mon époux ! je le renie. On m'a traînée au pied des autels et l'on m'a vendue à ce vieillard impuissant, quand j'avais dans le cœur un amour vierge, jeune et plein de tendresse ; on m'a prise mourante, dans ma chambre de jeune fille, pour me jeter dans les bras défaillants de cet homme ; ah ! plutôt périr que d'endurer à l'avenir de pareilles tortures ! Encore si mon Giacomo venait me secourir, s'il

venait me dire ces douces et tendres paroles
qu'il me disait autrefois sous les orangers,
la vie me semblerait moins amère, car l'a-
mour, quand il emplit l'âme, l'amour
efface toutes les souffrances! Quand je le
vois à mes pieds, mon noble et beau Giacomo, si tendre, si soumis, je sens mon
cœur s'épanouir comme une fleur : il me
semble que je suis plus belle, mon bonheur est pur comme la pensée d'un enfant; et je suis heureuse, et je crois à des
temps meilleurs... Mais depuis six jours
mortels je répands sans cesse de brûlantes larmes... il ne vient pas! il m'oublie peut-être!...

« — Il viendra, dit le page en quittant la
dame pour donner de nouveaux ordres à
Joanne.

« Béatrix s'était appuyée sur un fauteuil,

toute pâlie par les souffrances physiques et
par les angoisses morales. Tout à coup
elle tressaillit, l'animation revint sur ses
traits décolorés, le sourire sur ses lèvres
et la joie dans ses yeux.

« —Ah ! sainte Vierge ! s'écria-t-elle, c'est
bien sa voix mélodieuse et retentissante...
c'est lui ! c'est lui !

« Et, d'un bond, légère comme la
flamme, elle s'élança sur la terrasse qui
dominait les jardins et la mer.

« Alors on entendit au loin le bruit ca-
dencé d'une bande de rameurs, et la voix
mâle d'un homme qui chantait ces tendres
paroles :

Oublieras-tu jamais, ma sœur, ces jours heureux,
Ces fortunés instants, où, dans un doux silence,

> Nos deux cœurs, pleins d'amour, séduits par l'espérance,
>   Aimaient ainsi qu'on aime aux cieux?

« Quelques instants après, le brillant Giacomo pressait tendrement sur son sein la belle et heureuse Béatrix; il essayait d'effacer avec ses lèvres la meurtrissure des mailles de fer du vieux chevalier.

« — Pauvre et aimée Béatrix, s'écriait-il, c'est pour moi que l'infâme te fait ainsi souffrir! car il sait que je t'aime, lui, lui qui ne te profane pas par impuissance, lui qui peut impunément souiller ton front et ton beau visage sous ses baisers glacés... O Béatrix, ma noble et infortunée Béatrix, cette pensée-là, quand elle vient à mon esprit, me ronge et me torture : c'est le présent fatal de Déjanire ! Et je suis condamné à te savoir malheureuse sans pouvoir te secourir... et je ne puis t'arracher de sa puissance, car il a cent archers contre moi dix.

« — Mais que t'importe ? ne suis-je pas heureuse maintenant, mon Giacomo ? tu es là ; je n'ai plus de larmes, et je suis au comble de la joie.

« Et naïve comme une petite fille, elle attachait ses lèvres à celles du chevalier ; leurs âmes se confondaient dans une pareille ivresse, et, dans leur ravissante extase, ils ne songeaient pas que la mort était là peut-être !...

« La nuit, qui jusqu'alors n'avait été troublée que par de rares éclairs et quelques bruyants coups de tonnerre, devint effrayante et terrible. — L'atmosphère était lourde et brûlante ; de gros nuages noirs arrivaient du côté de l'Afrique, envelop-

pant toute l'étendue que peut dominer
l'œil. Parfois aussi de brillants jets élec-
triques, perçant à travers les gigantésques
masses noires, mettaient à nu toute l'hor-
reur de ce tableau. La mer était terne et les
vagues se soulevaient lourdement comme
si c'eût été du plomb fondu; l'orfraie et
tous les oiseaux nocturnes faisaient entendre leurs cris sinistres, et le phalène aux
ailes diaprées bruissait dans l'air en regagnant sa demeure. — Tout à coup, les
nuées s'entre-choquèrent; on entendit un
gémissement prolongé, immense, et la
pluie tomba sur la terre en effroyables ca-
taractes.

« — Giacomo, mon bien-aimé Giacomo,
dit la châtelaine en l'étreignant avec tendresse, vois comme le Ciel favorise notre
amour. Cet orage, en ôtant au sire de Borghetto la possibilité de revenir cette nuit,

te force à rester avec moi jusqu'à l'aube
du jour. — Oh! Giacomo, mon beau Giacomo!

« — Il pense à toi, peut-être, ton vieil et
cruel geôlier; il pense à l'effroi que doit te
causer cette colère céleste; il te croit trem-
blante et effrayée, le jaloux! et il souffre
de ce que la foudre lui enlève ses tristes
prérogatives de chaque jour...

« — Oui, mon seigneur, et je suis au ciel,
car si j'ai peur, c'est dans tes bras, c'est
en te voyant me sourire, mon beau Giacomo; — et maintenant je le brave, le vieil
et farouche Borghetto.

« Un ricanement atroce se fit entendre
derrière la fenêtre qui donnait sur la terrasse, et vint glacer d'effroi les deux jeunes
amants...

« — Malédiction ! par saint Cosme ! s'écria le chevalier.

« La châtelaine quitta son fauteuil et vint appuyer sa tête sur la poitrine de Giacomo, qui attendait l'issue de cette scène avec une émotion terrible. Ah ! leurs cœurs ne battaient plus ! leur sang était glacé dans leurs veines. Puis on entendit un bruit d'acier et de pas pesants retentir sous les hautes galeries.

« — Nous sommes surpris ! s'écria le page en entrant dans la chambre ; — voici le baron, seigneur Giacomo. Cachez-vous sur cette terrasse, et que Dieu vous garde !

« Puis il disparut.

« — O malheur ! malheur ! dit tout à coup

le jeune homme ; regarde, Béatrix, regarde
la plate-forme.

« A travers les vitraux, on vit briller
une faible lueur et une ombre qui s'exhaus-
sait graduellement.

« — C'est une muraille de bois qu'ils élèvent derrière cette fenêtre ! s'écria Giacomo
avec une inexprimable angoisse... Ah !
enfer ! il va falloir mourir, Béatrix ! Vois-
tu, vois-tu, l'ombre qui monte sans
cesse... ?

« Les pas approchaient toujours...

« — Ah ! disait Giacomo en rugissant, et
je n'ai pas mon épée ! et je suis seul ! et je
ne peux crier à mes mariniers, qui sont là
dans tes jardins, qu'ils viennent me secou-

rir ! Quoi ! périr de la main de ce vieux
bourreau !

« — Eh bien ! s'écria la châtelaine, puisque aucun espoir ne nous reste, qu'il sache
du moins combien je t'aime, pour qu'il
nous tue tous deux.

« Et de nouveau la belle et courageuse
Béatrix enlaça de ses bras le chevalier.

« Alors apparut à l'entrée de l'appartement Pietro Borghetto , flanqué de ses
deux écuyers.

« Le vieux sire, armé d'une longue épée,
leva la visière de son casque , et découvrit
ses traits horriblement contractés par le
désir de la vengeance. Ses yeux , aussi gris
que sa barbe , avaient une expression tout
à la fois railleuse et féroce ; puis il y eut

un silence de désert qui dura plusieurs instants, un silence à faire mourir de crainte; et, prenant tout à coup un ton théâtral complétement en harmonie avec sa pensée, le vieux Borghetto s'approcha lentement, à pas comptés, de Giacomo Brignole, qui n'avait pour armure qu'un pourpoint de samis, et pour arme défensive qu'un frêle poignard de luxe.

« — Giacomo Brignole, lui dit-il d'une voix déclamatoire, Giacomo Brignole, vous êtes un chevalier félon, un homme qui devrait périr de male mort, un homme dont l'écusson devrait être brisé, jeté au loin, et le champ semé de sel. Vous êtes un traître, Giacomo Brignole! Au lieu d'aller affronter la mort sur les champs de bataille, d'aller combattre les infidèles en Sicile, vous venez les nuits, comme un malfaiteur, comme un larron de la mon-

tagne, voler l'honneur des plus nobles
époux ; vous êtes un traître, vaillant Giacomo Brignole !—Et toi, femme à qui j'ai
donné mon nom ; toi, dont je me plaisais
à vanter les vertus et l'amour, c'est ainsi
que tu t'acquittes des devoirs sacrés de
l'épouse ! Tu as joué avec l'honneur d'un
vieillard, tu as souillé ses cheveux blancs
qu'avait respectés l'acier des combats.... tu
m'as déshonoré !... Ah ! votre vie est belle !
Et quand j'essayais chaque jour, chaque
nuit, au péril de ma vie ; quand j'essayais à
agrandir mes domaines, à acquérir de nouvelles richesses, de nouveaux fleurons militaires ; quand je me rendais redoutable aux
barons et aux chevaliers mes voisins; quand
je faisais tout cela pour toi, infâme, tu me
déshonorais ! et quand j'allais ceindre ton
front d'une nouvelle et glorieuse auréole,
tu me déshonorais ! et quand le chef suprême de la république allait me confier

le gouvernement d'une colonie dont tu
serais la suzeraine, tu me déshonorais ! ! !
Ah ! soyez donc maudits tous deux ! Mais
tu mourras seule, Béatrix ; car c'est toi
qui, par faiblesse et par dépravation, as
appelé l'infamie sur ma tête. — Écoutez,
Giacomo, vous aurez la vie sauve à une
condition.

« — Laquelle ?

« Borghetto appela son familier, qui se
tenait en sentinelle dans la galerie, une
espèce de redresseur de torts.

« — Domeniço, donne ton coutelas à ce
chevalier. — Maintenant, il faut que celle
qui m'a offensé meure, et c'est vous, Giacomo Brignole, que j'ai choisi pour bourreau.

« Et une joie odieuse animait son regard
à cette proposition menaçante et si étrange.

« — Tuez-nous donc tous deux, infâme
Borghetto, repartit le jeune seigneur avec
une extrême énergie; car mes lèvres seules
sont dignes d'effleurer le sein de Béatrix,
et le coutelas vous convient bien mieux, à
vous.

« — Si tu n'accèdes pas, tu mourras seul,
et ta complice vivra pour souffrir plus
longtemps.

« — Oh ! mon bien-aimé Giacomo, s'é-
cria Béatrix en le suppliant, frappe-moi,
et sauve ta vie à ce prix; la patrie ne man-
que pas de femmes, et les hommes de
cœur lui font souvent défaut. La mort me
semblera douce venant de toi et à cause
de toi; frappe sans crainte, car vivre un

jour de plus avec cet homme odieux, ce serait un siècle de tortures.

« Le vieux Borghetto frémissait de rage.

« — Acceptes-tu, Giacomo ? s'écria-t-il d'une voix terrible.

« — Non.

« — A genoux donc, chevalier !

« Et Domenico, le farouche familier, s'approcha du jeune seigneur, levant sur sa tête l'énorme coutelas.

« Béatrix ne put endurer ce spectacle d'un œil impassible, avec la résignation qu'elle avait prévue; elle voyait la mort planer sur la tête du seul être qu'elle eût aimé en ce monde, et quelle est la femme

qui, à une pareille heure, ne se sent pas
défaillir sous le poids de l'angoisse ?

« — Oh ! grâce, grâce pour lui, mon seigneur, dit-elle en se traînant aux pieds de
son vieil époux ; grâce !

« — Pas de pitié !

« Domenico fit un pas en arrière et leva
son glaive une seconde fois. Les deux
écuyers tenaient Giacomo agenouillé,
courbé sous leurs mains couvertes de
mailles de fer qui meurtrissaient son cou
et sa poitrine. Le bourreau allait frapper,
quand un cri effroyable retentit dans la
galerie et vint changer les phases de
cette scène cruelle.

« — Saint Côme et Giacomo !

« — A moi, mes braves ! à moi ! s'écria
Giacomo en se relevant avec l'agilité d'un
cerf : Saint Côme et Giacomo !

« Six mariniers, guidés par le jeune page,
qui les avait armés, se précipitèrent dans
l'appartement l'épée haute. Le combat fut
de courte durée : surpris comme ils l'é-
taient, et intimidés par le nombre, les
deux écuyers et Domenico tombèrent sous
les premiers coups des mariniers de Giacomo. Le vieux Borghetto se défendit plus
longtemps ; mais un coup de poignard
qu'il reçut au bras le désarma et lui fit
demander merci.

« — M'aurais-tu fait grâce, infâme ? s'é-
cria le jeune homme d'une voix pleine de
mépris. Te l'ai-je demandée, moi, quand
tu avais en tes mains la force ? Va, tu es
lâche, et tu n'étais que cruel quand tu

meurtrissais ta jeune épouse avec tes gantelets de fer! Ah! meurtrir avec des gantelets le sein d'une femme, d'un être faible qui n'a que des larmes pour se défendre, c'est le comble de la lâcheté! Mais réponds-moi, m'aurais-tu fait grâce si je l'eusse implorée?

«—Tu serais mort maintenant, répliqua Borghetto d'une voix sombre.

«—Et il demande merci! s'écrièrent les mariniers; c'est un peu trop fort, vieux mécréant!

« Et l'un d'eux, par un mouvement rapide, avant que Giacomo eût pu prévoir son dessein, lui plongea son épée tout entière dans la poitrine, et le poussa du pied la face contre terre...

« — Maintenant, repose en paix si tu peux, vieux persécuteur, dit le marinier; et vive à jamais notre seigneur Giacomo Brignole !

« Les amants furent unis. Deux années après cette tragédie sanglante, Béatrix, dont la vie était alors si rieuse et si belle, mourut en mettant au monde une petite fille, et à quelques jours de là son malheureux époux fut assassiné dans une sédition par la populace, gagnée, dit-on, par d'anciennes créatures du misérable Borghetto.

« La pauvre petite fille vécut et fut plus malheureuse encore que sa mère; son histoire est aussi écrite avec du sang et des larmes, car cette orpheline, c'est moi !...»

L'âme brisée par des souvenirs aussi dé-

chirants, et la voix étouffée par des sanglots, Lucrecia s'arrêta et pleura longtemps. Ziza n'était pas moins affligée de
cette destinée fatale, et les deux physionomies si différentes du Nubien et de Fallacia exprimaient aussi, chacune à sa manière, un profond sentiment de tristesse.

Mais la sultane, désireuse d'entendre la
fin de cette lamentable histoire, supplia si
tendrement son amie, qu'elle lui raconta
la dernière période en ces termes.

[illegible]

[illegible]
[illegible]
[illegible]
[illegible]
[illegible]
[illegible]
[illegible]

[illegible]
[illegible]
[illegible]
[illegible]

[illegible]

FIN

DE L'HISTOIRE DE LA CAPTIVE.

Addio, addio, supérba pátria!

XV.

XV.

« Je fus emmenée à Gênes par la marâtre de mon père, une Napolitaine digne
de toute sa nation, une femme impudique,
avaricieuse et colère; là je grandis, j'appris à broder, à lire, à écrire, et je fus sa-
vamment instruite dans la pratique des
livres sacrés de notre sainte religion.
Quand j'eus atteint l'âge de douze ans, cette

marâtre, qui s'appelait Margarita, revint s'établir à Albenga dans le fief de mon père, et le théâtre où les auteurs de mes jours avaient péri si malheureusement devait voir de nouveau des scènes sanglantes.

« L'histoire de ma famille était dans toutes les bouches, et voilà comment j'en ai pu apprendre les moindres particularités. Parmi les personnes que la dame Margarita fréquentait le plus assidument, se trouvait une veuve fort riche ayant trois filles admirablement belles; l'une s'appelait Teresa, l'autre Fiora, et la plus jeune, que j'aimais extrêmement, avait pour nom Annunciada. Nous étions sans cesse chez elles, ou elles chez nous; car, outre la grande amitié qui nous unissait, nos palais étaient voisins. Oh! les temps de bonheur pour moi! mais avec quelle rapidité ils se sont écoulés!

« La dame Emmanuela Caprioli, la
mère de mes trois amies, avait un neveu
qui la venait souvent visiter, et depuis notre enfance Marzaccio partageait tous nos
jeux. C'était un grand jeune homme pâle,
courageux et bouillant d'enthousiasme et
d'intrépidité. Quand survint la guerre entre la république et les Pisans, Marzaccio,
sans mot dire, nous embrassa tendrement
un soir, ayant les yeux remplis de larmes,
et nous ne le revîmes qu'à la fin de la
guerre, avec le front sillonné d'un coup
d'épée. Durant cette expédition fameuse,
Marzaccio se couvrit de gloire, et son nom
se prononçait par tous les Albenganais
avec un juste sentiment d'orgueil; car dans
notre Italie les plus petites cités sont fières
du génie ou du courage de leurs enfants.
C'est en Italie que naquit l'enthousiasme.

« J'avais alors quinze ans; ma beauté

était enviée par plus d'une femme, et sous le rapport de la fortune, je passais pour un excellent parti; plusieurs cavaliers se présentèrent à ma marâtre, qui les repoussa tous, car en me mariant elle se trouvait dépossédée du fief de mon père, et je vous ai dit, sultane, qu'elle était avaricieuse. Alors, pour satisfaire sa passion horrible, elle résolut de m'enfermer dans un monastère.

« La renommée de Marzaccio, sa beauté, son noble caractère, étaient des prestiges bien enivrants pour une pauvre orpheline! Je me laissai entraîner par tout ce qu'ils m'offraient de séduisant, et depuis bien longtemps, à mon insu, pour ainsi dire, j'aimais Marzaccio. Aussi, quand ma marâtre parla de m'ensevelir sous un voile au fond d'un cloître obscur, cette flamme comprimée, étouffée jusqu'alors, s'alluma

en un instant, et jeta de vives lueurs
dans mes esprits frappés.

« Le même changement s'opéra dans
l'âme de Marzaccio ; je compris, à son air
profondément malheureux, combien j'a-
vais excité en lui de tendres sympathies,
combien il partageait mes douleurs, et
combien son amour était grand... Nous
nous aimâmes, Ziza, nous nous aimâmes
d'une passion extrême, ardemment, comme
mon père avait aimé ma mère!... Ah !
pourquoi cet amour funeste ne m'a-t-il
pas dévorée! »

Et des sanglots étouffés forcèrent Lucrecia d'interrompre quelques instants le
cours de son histoire.

« Après plusieurs semaines de joies
divines mêlées de vives appréhensions et

de larmes, reprit l'intéressante captive,
Marzaccio fit demander ma main à la dame
Margarita par sa tante, qui fut refusée avec
une sécheresse de cœur inouïe. On eut
beau faire, on essaya vainement toutes
choses, cela ne servit qu'à augmenter mes
peines : car une nuit, sans que nul bruit
en eût transpiré, deux hommes masqués,
conduits par la marâtre, entrèrent dans
ma chambre; Margarita me couvrit rapidement d'une robe et d'un manteau,
et l'on me conduisit ainsi dans un monastère de la cité même, pour mieux éloigner les soupçons; puis la marâtre partit
immédiatement pour Gênes, laissant croire
par là que cette capitale était la retraite
qu'elle m'avait choisie.

« J'ai omis de vous dire que, dans la
guerre contre Pise, Marzaccio avait connu
un renégat more, capitaine d'une galère,

et qu'au retour de ses expéditions nombreuses, il revenait toujours à Albenga.
Cet homme rendait alors d'éminents services aux chrétiens, après en avoir été l'effroi. On racontait de lui d'atroces violences,
des cruautés affreuses... Quand il rencon-
trait des galères sarrasines, il les pillait
jusqu'à la cale, et, faisant ensuite enchaîner les rameurs à leurs bancs, il abandonnait le navire en mer, après l'avoir incen-
dié. On n'ignorait rien de ces cruautés à
Pise, mais c'était pour la plus grande gloire
de la république, — et dans des guerres
acharnées les peuples n'y regardent pas de
si près. Eh bien ! cet homme, ce renégat,
s'est converti de nouveau à l'islamisme,
croyance impie qu'il aurait déshonorée si
elle pouvait l'être ; et cet homme, c'est
Djezzar, notre motsallam ! »

— Ah ! c'est horrible, s'écria Ziza.

— Quoi ! le motsallam qui se fait nom-
mer Bercam est ce fameux Djezzar ? dit
Fallacia en s'animant plus que de coutume ;
sa tête a été mise à prix par nos frères d'Espagne, auxquels il a fait tant de mal aux
jours de sa trahison.

— Oui, seigneur Fallacia, reprit la jeune
Italienne, c'est ce Djezzar, c'est ce monstre
couvert de sang et d'opprobre !... « Marzaccio n'apprit que trop tôt mon enlèvement ;
il voulut courir à Gênes, il s'arrachait les
cheveux, accusant sa destinée et se plai-
gnant à toutes les personnes qu'il rencon-
trait. Djezzar était alors à Albenga, laissant
sa galère à l'ancre en attendant une occasion favorable pour s'élancer de nouveau
sur la mer, afin de commettre ses dépréda-
tions accoutumées. Marzaccio le rencontra,
lui fit part de ses douleurs, et lui demanda
son assistance en cette circonstance déplo-

rable. Le More, qui devait la vie à Marzaccio, lui offrit son bras et sa galère, et les
voilà s'informant, cherchant tous deux quel
pouvait être le lieu de ma retraite mystérieuse.

« La fête du monastère survint vers cette
époque. Comme il était sous l'invocation
d'un saint fameux de la légende, les habitants de Borghetto, de Lovano, de La Pietra
et de Finale, y accoururent; Albenga était
tout resplendissant, et j'obtins la haute
faveur d'assister à la cérémonie avec mes
compagnes.

« On célébrait la messe lorsque, m'approchant de plus en plus des grillages
dorés qui séparaient les recluses des assis-
tants, et fixant sur la foule mes yeux af-
faiblis par mes larmes continuelles, je crus
apercevoir Marzaccio au milieu de cette

foule : il était si pâle, si défait, si malheureux, que j'eus grand'peine à le reconnaître ; mais le hasard voulut qu'il chan-
geât d'attitude, et, son regard se fixant
alors vers la grille, je le reconnus et l'ap-
pelai...

« Cet incident causa un affreux tumulte
qui lui permit de disparaître, et moi je
tombai évanouie dans les bras de mes
compagnes effrayées.

« Quand je retrouvai l'usage de mes
sens, je fus questionnée, obsédée, menacée : on voulut me faire violence pour savoir la cause de ce cri subit, de ce cri
sacrilége ; mais je me renfermai dans un
absolu silence, ayant de la joie plein le
cœur, tant j'étais persuadée que mon cher
Marzaccio mettrait tout en œuvre pour ma
délivrance.

« Plusieurs jours et plusieurs nuits se passèrent sans que j'apprisse rien. La sécurité avait reparu dans le monastère, et déjà l'on ne songeait plus, ou presque plus, au scandale que j'avais causé. Pour moi, j'étais sans cesse sur mes gardes, j'interrogeais les regards des serviteurs qui communiquaient avec le dehors, j'épiais les moindres signes, j'interprétais mystérieusement les actions les plus contraires à mon sort. Bref, je ne vivais plus à force d'impatience.

« Une nuit, que je songeais à mon beau Marzaccio, il me sembla entendre un bruit de pas d'hommes dans le corridor sur le-

quel donnaient les portes de nos cellules ;
je prêtai l'oreille avec une sollicitude bien
pardonnable assurément , mais le bruit
avait déjà cessé; tout retomba dans le silence habituel de ces nuits monacales.

« Ailleurs il se passait d'étranges choses.

« Deux hommes, armés de glaives, en-
veloppés de longues robes rouges, avaient
pénétré dans une grande salle où reposaient
les plus jeunes recluses; Marzaccio et le More
étaient ces deux hommes. Djezzar, muni
d'une lampe à demi cachée, allait d'un lieu
à l'autre, facilitant à Marzaccio la possibilité d'examiner tous ces visages, dont nul ne
lui rappelait sa Lucrecia. Les recluses, à
demi plongées dans le sommeil, croyaient,
en voyant la noire figure du More, qu'elles
étaient visitées par le démon, et, muettes de

frayeur, elles se voilaient dans les tentures de leurs couches virginales.

« Marzaccio désespéré, craignant à chaque instant d'être découvert, prit tout à coup une résolution violente : il savait dans quelle direction se trouvait la cellule de l'abbesse, il y alla. Cette pauvre femme, surprise pendant son sommeil par deux hommes armés, faillit mourir d'angoisse ; mais la voix douce de Marzaccio vint quelque peu calmer ses esprits. »

« — Ce n'est pas sans douleur que je me suis hasardé à pénétrer par la ruse dans cette sainte retraite, lui dit-il : croyez-le, madame ; mais ce monastère renferme ma vie, et je la viens reprendre : ne bougez pas, noble et respectable abbesse, et surtout ne poussez pas un cri... Dites-moi le chiffre de la cellule de Lucrecia Brignole.

« La pauvre sainte femme n'hésita pas...

«Comme j'avais entendu de nouveau marcher dans les corridors, j'étais prête à tout événement; oh! qui pourrait dépeindre les sensations de mon cœur, quand j'entendis s'arrêter deux hommes à ma porte !... puis on m'appela doucement, et je me précipitai tout heureuse dans les bras de mon Marzaccio.

« Je ne pouvais m'en arracher, je le contemplais avec une ivresse infinie, j'oubliais le danger que nous courions; mais le More nous dit qu'il fallait nous hâter de fuir, car le jour allait apparaître.

« Nous quittâmes le monastère, dont la gardienne avait été gagnée, et Marzaccio me conduisit à son palais, tandis que le

More allait préparer sa galère. Tout semblait avoir été prévu d'avance : un prêtre
nous attendait chez Marzaccio, un bon vieillard, qui avait pris soin de ses jeunes années ; et cet homme excellent, après une
exhortation toute charitable et toute chrétienne, nous unit l'un et l'autre et nous
bénit. »

— Quoi ! Lucrecia, dit la sultane avec
surprise, tu as eu un époux ?

— Hélas ! je suis aussi pure que vous,
Ziza ; daignez m'entendre. Je n'ai jamais
quitté le voile réservé aux jeunes filles.

« Le More ne tarda guère à revenir ; sa
galère était amarrée au rivage, et dès que
Marzaccio eut fait transporter à bord du
navire ses richesses par ses domestiques,

nous nous rendîmes au port, où le vaisseau
nous attendait...

« —Où me conduisez-vous, cher époux ?
m'écriai-je en saluant pour la dernière fois
ma terre natale.

« — En Sicile , ma Lucrecia , en Sicile , à
la cour des princes normands !

« Ce furent, hélas ! les dernières paroles
qu'il prononça pour moi, ce noble Marzaccio ! Le soleil s'élevait à l'horizon dans la
mer de Gênes ; nous étions toujours dans
les eaux d'Albenga, très-près de la côte; il
venait de se pencher amoureusement vers
moi ; quand une flèche, lancée par Djezzar,
vint le frapper à la poitrine... Sans prononcer un mot, il arracha la flèche, dé-
gaîna son épée, et, s'élançant à la pointe

de la galère où se tenait le traître Djezzar, une lutte mortelle s'engagea entre eux.

« Mais que pouvait la valeur de mon noble époux contre le nombre ?

« A la voix de leur chef, les rameurs renégats se levèrent, et je vis massacrer sous mes yeux le vieil et saint pasteur qui nous avait unis, nos domestiques et mon pauvre Marzaccio, qui tomba le dernier !... Ah! quelles angoisses! Je voulus me précipiter dans la mer ou mourir avec l'épée de mon époux ; mais l'on m'enchaîna au mât, et je vis le barbare Djezzar sourire avec orgueil, quoiqu'il fût blessé cruellement de vingt coups d'épée, quand ses affreux complices jetèrent dans les flots le cadavre de Marzaccio et ceux des autres victimes.

« — Voilà mon dernier présent aux Albenganais ! s'écria-t-il ; je veux qu'ils aient
un long souvenir du More Djezzar.

« Vous savez le reste, sultane ; comme
il me conduisait en Afrique, où il espérait
sans doute me faire les dernières violences
après la guérison de ses nombreuses blessures, nous fûmes rencontrés à la hauteur
de Drépane (Trapani) par des pirates de
Mazzare, qui lui volèrent tous ses trésors,
et malgré ses cris et ses prières je fus com-
prise parmi les trésors, emmenée captive à
Syracuse, et vendue aux officiers de l'émiralem de Catane, dans le palais duquel je
trouvai l'esclavage, mais un peu de calme,
et l'amitié de votre cœur, sultane, pour
cicatriser les affreuses blessures du mien. »

— Quelle douloureuse histoire, ma pauvre amie ! s'écria Ziza en l'embrassant ; va,

sèche tes larmes, et songe combien moi-même j'ai été courbée par l'affliction.

— Mais vous, Ziza, vous avez l'espérance, tandis que moi je suis seule au monde, et n'ai d'autre refuge que le plus affreux désespoir.

— Vous avez là un noble ami, Fallacia, reprit la jeune Sarrasine, d'un ton cruellement railleur, et mon père a fait preuve d'un discernement unique en nommant *Djezzar le Numide* gardien de sa fille et motsallam de Tauromène.

— Souvent on ne connaît pas plus le cœur de l'homme qu'on se choisit pour ami, repartit le Rhodien piqué au vif, qu'on ne peut en amour préciser la durée de la constance d'une femme; qui pouvait prévoir que Bercam, le chef obscur, mais brave,

des archers de Biserte, était ce trop fameux
Djezzar le Numide.

— Il ne l'a que trop dévoilé ici depuis sa
puissance, repartit la jeune fille avec hauteur.

Un grand bruit s'élevant de la cité vint
interrompre cette conversation, et tout
aussitôt Djezzar apparut.

— Fallacia, s'écria-t-il, viens, viens;
deux archers descendent des pics et nous
apportent sans doute la nouvelle de la mort
du comte de Nety; viens, Fallacia.

— Féroce Djezzar, dit Ziza en s'avançant
hardiment vers lui, tu as commis assez de
crimes sans te souiller davantage par d'affreux désirs; mais comme je redoute les

monstres, à partir de ce jour, je t'interdis
l'entrée de mon palais.

Le More se recula en entendant ce nom
de Djezzar ; la sultane savait donc son
histoire : or, c'était pour lui une mort certaine, puisque, sous ce nom redoutable
de Djezzar le Numide, il avait renié la foi
musulmane et s'était attiré la haine des
kalifes d'Espagne.

Alors, entraînant Fallacia d'un pas rapide, il l'arrêta brusquement quand ils furent seuls. Ses poings étaient crispés, ses
dents grinçaient et ses yeux perçants lançaient des flammes.

— Cette esclave, qu'a-t-elle dit? qu'a-
t-elle raconté, Fallacia? Depuis son évanouissement j'ai rôdé autour de ce palais,

je voulais te revoir... Que veulent-elles dire en m'appelant Djezzar?

— Je ne sais, seigneur motsallam, répliqua l'adroit Fallacia, qui voyait à l'exaspération mêlée d'inquiétude de Djezzar qu'une trop grande instruction pourrait lui être fatale... Tu sais comme sont les jeunes filles, Bercam; elles se disent tous leurs secrets, et je crois que la chrétienne a raconté à la sultane une longue et horrible histoire à propos de ce fameux Djezzar, ce renégat more qui a fait la honte de l'islamisme et qui a rougi du sang de ses frères la mer d'Afrique et la mer de Sicile; tu dois avoir entendu parler de ce pirate farouche?

— Oui, reprit Djezzar tout inquiet... Et... tu crois que la chrétienne a raconté son histoire à Ziza?

— Oui.

— Eh bien! s'écria le motsallam d'une
voix formidable, malheur à toi, Fallacia,
si tu révèles ce que je vais te dire, et si tu
ne t'attaches pas sincèrement à ma fortune!
Il faut que tu me serves, que tu me se-
condes. Je t'ai bien étudié, tu es un homme
au-dessus des autres hommes; c'est une
honte pour toi que de ramper sous Vittumen, ce tyran incapable, à qui tu dictes
la politique qu'il doit suivre; c'est lui qui
devrait être ton esclave; tu n'es pas fait
pour obéir; je veux qu'un jour tu or-
donnes!

Fallacia buvait la louange à longs traits
et s'épanouissait comme s'il eût eu des
lèvres sur un rayon de miel.

— Je veux, continua le motsallam en
grandissant de dix coudées aux yeux du

Rhodien, je veux que tu sois émir un jour
quand nous aurons chassé les aventuriers
normands de la Sicile, car devant toi
je me dépouille de mon obscurité ; l'histoire que la chrétienne a racontée à la
sultane est vraie, et pour éviter toute
embûche, ces deux femmes doivent mourir. — C'est moi qui suis Djezzar le Numide!!!...

— Ce nom ne te fait pas trembler, Fallacia? reprit le pirate après une pause ; tant
mieux ! cela annonce une âme rudement
trempée ; eh bien ! suis-moi, car il faut
aviser rapidement à me débarrasser de ces
femmes, dont une seule parole peut me
perdre...

Et tous deux, en proie à des pensées de
vengeance et d'une ambition effrénée, se

dirigèrent vers la porte de Mola qui s'ou-
vrait en ce moment pour les émissaires de
Vittumen...

NOTES HISTORIQUES

DU PREMIER VOLUME.

(A) Écoutons un vieil historien, Eudes de Mézeray, qui, s'il n'a pas de brillant ni de grandes vues,
a du moins assez bien compilé et résumé les chroniqueurs.

« Le capitaine Rol s'apprivoisoit peu à peu avec
Franco, archevêque de Rouen ; à sa prière, il avoit
deux ou trois fois accordé des trèves aux François.

Le but de ce vertueux prélat étoit de le convertir à la foi chrétienne; celui de Raoul, d'acquérir une souveraineté, et de devenir prince légitime, de chef de pirates qu'il étoit. Les seigneurs françois avoient peine à souffrir l'établissement d'un étranger de cette sorte dans le plus beau pays du royaume; mais le peuple, tourmenté sans cesse par ses pillages, crioit qu'on mît fin à ses maux. D'ailleurs Robert, comte de Paris, qui aspiroit à la royauté, désiroit qu'il demeurât dans ce poste-là, afin de s'en servir quand il en auroit besoin. Pour toutes ces raisons, le roi Charles fit trèves avec lui, durant lesquelles il lui proposa de lui donner en propre et à titre de duché *la partie de Neustrie d'entre la mer, la rivière de Seine et celle d'Epte, qui tombe dans la Seine, avec sa fille Gisèle en mariage,* s'il vouloit se convertir de bonne foi et embrasser le christianisme.

« A ces conditions, Rol voulut bien se faire catéchiser, et reçut le saint baptême la veille de Pâques de l'an 912. Le comte Robert fut son parrain et lui donna son nom. La grâce de ce divin sacrement le régénéra avec tant d'efficacité, qu'elle en fit un des meilleurs princes de son siècle. Ensuite il fut trouver

ce roi pour lui rendre hommage de la terre qu'il lui
donnoit, et puis il épousa la princesse sa fille ; mais
elle ne vécut que peu d'années après ce mariage, et
ne lui donna point d'enfants, de sorte qu'il reprit
Pope qu'il avoit délaissée et dont il avoit des enfants [1]

« Ainsi cette province, que les Romains appeloient
la Lyonnoise seconde, fut démembrée de la propriété
des rois de France ; non pas pourtant de leur souveraineté. Ses nouveaux habitants lui donnèrent le nom
de Normandie.

« Charles quitta aussi à Rollon l'hommage et
mouvance de Bretagne, parce qu'il en étoit comme
le maître et qu'elle étoit à sa merci.

« Dès l'année suivante (an du Christ 913), le duc
de Normandie n'oublia pas de demander l'hommage

[1] Poppea ou Pope était fille de Bérenger, comte de Bayeux.
C'était une femme d'une beauté admirable. Rollon l'enleva lors
de ses premières excursions en Neustrie, pour en faire sa favorite. C'est d'elle que sortit la race princière des Normands.

aux Bretons l'épée à la main. Le duc Alain Rebré (Alain le Grand) étoit mort il y avoit six ans, et avoit laissé des enfants en fort bas âge. Ceux qui les gouvernoient, plutôt que de les faire déroger à leur souveraineté, les emmenèrent hors du pays avec une partie de la plus haute noblesse ; et depuis, on n'en voit plus rien dans l'histoire. Le comte de Porhouët (il s'appeloit Matued.) passa aussi en Angleterre avec sa femme. Bérenger, comte de Rennes, et Alain de Dol, s'étant défendus le mieux qu'ils purent, furent enfin contraints de ployer le genou devant les Normands, et de leur donner les mains.

« Il y avoit encore de ces barbares en plusieurs autres endroits de la France, particulièrement en Bretagne, au pays de Maine et d'Anjou, et dans les îles de la rivière de Loire ; mais avec le temps et à l'exemple de Rollo, ils prirent des terres à habiter et se naturalisèrent François. »

(EUDES DE MÉZERAY, règne du roi Charles le Simple.)

(B) Avan mille puis que Christ lo nostre seigneur

prist char en la virgine Marie, apparurent en lo
monde XL vaillant pèlegrin ; venoient del saint sé-
pulcre de Jérusalem por aorer Jhucrist. Et vindrent
à Salerne...

> *Salerne, après un long siége, était devenue*
> *tributaire des Sarrasins.*

...Et li pèlegrin de Normendie vindrent là, non
porent soustenir tant injure de la seignorie de li Sarrazin, ne que li chrestiens en fussent subjects à li
Sarrazin. Cestui pèlegrin alèrent à Guaimarie séré-
nissime principe, liquel governoit Salerne o droite
justice, et proièrent qu'il lor fust donné arme et
chevauz, et qu'ils voloient combattre contre li Sarrazin, et non por pris de monnoie, mès qu'il non
pooient soustenir tant superbe de li Sarrazin ; et de-
mandoient chevauz. Et quant il orent pris armes et
chevauz, il assallirent li Sarrazin et moult en occis-
trent, et moult s'encorurent vers la marine, et li
autre fouirent par li camp ; et eusi li vaillant Normant furent veincéor, et furent li Salernitain dé-
livré de la servitude de li pagan.

(L'istoire de li Normant. *Amat del monte*
Cassino.)

(G) Capitule XXIII, li tiers livre. — Et Leo (Léon)
pape , puiz qu'il fu parti de Bonivent , désiroit la con-
fusion, et la dispersion de li Normant , et demanda
l'ayde de lo empéreor Féderic, et del roy de France ,
et del duc de Marcelle , et de toutes parts requéroit
ayde, et lor promet à doner absolucion de lor pé-
chiez por délivrer la terre de la malice de li Normant.

Alors le pape vient avec une armée d'Allemands
et de Lombards à *un chastel, lequel se clamoit de
la Cité;* il donne la bataille, mais les Normands
massacrent tout sans pitié, et le fier Léon, vaincu,
humilié, est tout heureux de pouvoir pardonner à
ses vainqueurs redoutables.

(L'YSTOIRE DE LI NORMANT. *Li tiers livre.*)

Et plus tard sous Grégoire.

...Et lo pape assembla lo consistoire et excomu-
nica lo duc Robert et tous ceux quy lo sequtoient.
Et Jordain, fill de lo duc, avec le conte Rogier, son

oncle, volant avoir la grâce de l'église, alèrent à
Rome, et furent absolut de la excomunicacion; et
firent ligne de fidélité avec lo pape.

(Lo uitiesmé livre.)

(D) Ce fut le comte Roger qui donna l'élan à
l'art architectural en Sicile. Non moins politique
que pieux, connaissant merveilleusement son époque, il commença par flatter les hommes éminents de
la religion pour mieux assurer son pouvoir militaire.

*Ruggiero rimasto erede di alcuni beni del fratello
acchetò gli animi dei discordanti nipoti, e ivasi
di giorno in giorno fortificando nell' isola. Poscia
volse l'animo alle cose sacre, e in molte città edificò
chièse, creò vescovadi, e ordinò badie. In Gir-
genti arricchi molti doni la chiesa Cattedrale,
che vi fondò et vi fece primo Vescovo Ger-
lando di nazione francese del Delfinato, uomo
religioso, e da bene: in Catania mise Angerio,
in Siracusa Stefano; in Messina Roberto, che
quivi trasferi da Troina, in Mazzara pose Stefano*

*da Roano, ed in altri luoghi statui altre persone ,
secondo che ricercavano i Vescovadi , e le badie.*

*(Dominazione dei Saraceni e dei Normanni
in Sic.—Nicol. Maggiore, Stor. di Sicilia.)*

PRISE DE ROME PAR LES NORMANDS.

Page 202, 2ᵉ alinéa, ligne 3. *Serlon le père guidait
l'infanterie.* Un antiquaire distingué de la Normandie croit que Serlon resta en Occident tandis que ses
frères achevaient la conquête des Calabres et de la
Sicile ; cela n'est guère probable. Comment cet
homme si brave, qui avait eu souvent à se plain-
dre de ses suzerains, aurait-il pu accepter une condition mesquine en Normandie, tandis que ses frères
se couvraient de gloire en Orient et se partageaient
des couronnes ?

Geoffroy de Maleterre raconte que Serlon , ayant
été insulté par un seigneur de la cour de Robert ,
le tua, et fut forcé de s'exiler en Angleterre. Le
banni gémissait sur sa destinée malheureuse quand

la guerre éclata entre Constance de Provence, reine
de France, et le duc de Normandie, protecteur de
Henri, que Constance voulait dépouiller de ses
états.

« Lorsque Serlon eut appris que ses compatriotes
marchaient au combat, il quitta son exil, et vint
avec deux écuyers sur les frontières, où les troupes
normandes s'efforçaient alors de faire reconnaître
le pouvoir de Henri. Elles formaient le siége de
Tillières, et chaque jour voyait sortir de cette ville
un chevalier qui défiait les assiégeants au combat.
Le fils de Tancrède ne fut point effrayé du nombre
des guerriers qui avaient déjà tombé sous ses coups.
Au point du jour, sans se faire connaître, il vint,
devant la porte de la ville, provoquer ce redoutable
adversaire. Celui-ci ne se fait pas attendre ; il ac-
court, revêtu d'une éclatante armure, et monté sur
un cheval fougueux ; il demande au téméraire qui
ose le braver quel est son nom, et l'engage à fuir
pour sauver sa vie. Serlon se nomme, et refuse de
s'éloigner. Les deux chevaliers luttent avec vigueur,
et celui qui tant de fois avait terrassé ses adver-

I.   22

saires , à son tour désarmé, tombe expirant aux
pieds de son vainqueur. Serlon lui coupe la tête, la
place au bout de sa lance , et , sans vouloir révéler
son secret à ses compatriotes qui applaudissent à son
triomphe , la visière baissée , il traverse leurs rangs
en silence avec ce hideux et sanglant trophée.

« Robert ne voulut point permettre que le nom
d'un aussi courageux guerrier demeurât dans l'oubli ; il chargea l'un de ses écuyers de prier l'étranger
de revenir, et de se faire connaître. Lorsqu'il apprit
que le noble fait d'armes dont il avait été témoin
était dû à la valeur de Serlon qu'il avait exilé, il
courut à sa rencontre, l'embrassa, le retint à sa
cour, et lui rendit les biens de son épouse qui
avaient été confisqués durant son exil. »

(Gaufredi Malaterræ ; M. Gaut. d'Arc.
Conq. des Norm.)

A quelque temps de là , Robert le Magnifique partit pour le pèlerinage de la Terre-Sainte, d'où il ne
devait pas revenir, et nous persistons à croire que
Serlon suivit ses frères en Sicile. Quoi qu'il en soit,

au reste , son fils , Serlon , combattit longtemps les
Arabes , au dire de la chronique de Viscart et de
Geoffroy de Maletterre , et *Rocca di Sarno ,* près de
Castro-Giovanni , fut témoin de sa mort sanglante.

Robert Guiscard et Roger, le *grand-comte ,* venaient de laisser Serlon , leur neveu , près de
Castro-Giovanni, KASR—IAHN. Suivant un usage de
ces temps, dont les croisades nous ont offert depuis de
fréquents exemples , il avait adopté pour son frère
d'armes , dans le parti ennemi , un Arabe nommé,
Brahen. Un jour il reçut une lettre par laquelle ce
perfide musulman , en lui envoyant quelques présents, le prévenait que sept Arabes avaient fait entre
eux le pari de venir fourrager sur les terres confiées
à sa garde. Serlon , méprisant un si faible danger,
n'avait pas craint d'aller à la chasse. Il y rencontra
les sept musulmans, et se fit apporter aussitôt des
armes pour les poursuivre. Mais sept cents cavaliers et deux mille hommes de pied s'étaient embus-
qués dans le voisinage. Le héros normand et sa
petite troupe sont cernés de tous côtés. Il gagne alors
le rocher qui porte encore aujourd'hui son nom
(Rocca di Sarno), monte sur le sommet, et, se-

condé de quelques-uns des siens, se défend contre
une armée; le nombre l'accabla bientôt. Deux de
ses soldats seulement purent sauver leur vie en se
cachant parmi les morts. Mais de quel horrible et
dégoûtant spectacle ne furent-ils pas témoins! Les
Arabes, dans la joie féroce de leur triomphe, se
partagèrent et mangèrent le cœur encore palpitant
du jeune héros. Ils lui tranchèrent la tête, et la
rapportèrent comme un hideux monument du succès de leur trahison. Elle fut placée sur les créneaux
des murs de Castro-Giovanni, et les musulmans,
à l'aspect de ces dépouilles sanglantes, disaient que
la Sicile était sauvée, puisque le plus brave de
l'armée ennemie venait de tomber sous leurs
coups.

(M. GAUT. D'ARC. *Conq. des Norm.* GAUFR.
MALAT. NOWAIRY, *Chr. Arab. Anonyme du
Vatican.*)

A propos de cet infortuné Serlon, j'ai commis
volontairement un léger anachronisme nécessaire à
l'action dramatique de mon livre.

In questo mentre i Saraceni, per la morte di ben al Themanh, e per l' assenza del capo dei Normanni insuperbitisi, alzar voleano la testa, e cacciar via i nemeci. Era per altro venuto loro in soccorso un' esercito di Arabi dall' Africa e fatto quindi un corpo fortificaronsi in Castro-Giovanni. Come ciò seppe Ruggiero, venue prestamente in Troina, donde con trenta cavalli mandò un certo capitano Serlone a spiare i luoghi dei Saraceni prossimi a Castro-Giovanni. Questi tramarono ùn' imboscata alle spie, e all' uccisione; Serlone, e due altri a stento si sottrassero.

(Stor. di Sic.)

FIN DU PREMIER VOLUME.

In questo mentre i Saraceni, per la morte di-
ben al Thomas, e per l'assenza del capo dei
Normanni insuperbiti, alzar voleano la testa, e
cacciar via i nemici. Era per altro venuto loro in
soccorso un' esercito di Arabi dall' Africa e fatto
quindi un corpo fortificaronsi in Castro-Giovanni.
Come ciò seppe Ruggiero, venne prestamente in
Troina, donde con tanta cavalli mandò un certo
capitano Serlone a spiar i luoghi dei Saraceni
prossimi a Castro-Giovanni. Questi tramarono
un' imboscata alle spie, e all' uccisione; Serlona,
e due altri a stento si sottrassero.

(*Stor. di Sic.*)

FIN DU PREMIER VOLUME.

TABLE DES MATIÈRES.

FIN DE LA TABLE DU PREMIER VOLUME.

VOYAGE
DU MARÉCHAL DUC DE RAGUSE

EN HONGRIE, EN TRANSYLVANIE, DANS LA RUSSIE MÉRIDIONALE, EN CRIMÉE, ET SUR LES BORDS DE LA MER D'AZOFF, A CONSTANTINOPLE ET SUR QUELQUES PARTIES DE L'ASIE-MINEURE, EN SYRIE, EN PALESTINE ET EN ÉGYPTE.

1834 ET 1835.
DEUXIÈME ÉDITION.

4 vol. in-8°, prix : 8 fr. le vol. L'atlas composé de six cartes, de cinq portraits et douze vues des principaux endroits visités par l'auteur. Paraîtra en mars prochain avec le VOYAGE EN SICILE de l'illustre maréchal. L'Atlas se vendra séparément : 8 fr.

Tomes IV et V de l'HISTOIRE DES

SALONS DE PARIS

TABLEAUX ET PORTRAITS DU GRAND MONDE,

SOUS LOUIS XVI, LE DIRECTOIRE, LE CONSULAT ET L'EMPIRE, LA RESTAURATION ET LE RÈGNE DE LOUIS PHILIPPE 1er;

PAR MADAME LA DUCHESSE D'ABRANTÈS.

Les tomes III et VI paraîtront le 31 Mars.

MÉMOIRES
D'UN PRISONNIER D'ÉTAT
AU SPIELBERG
PAR A. ANDRYANE,

COMPAGNON DE CAPTIVITÉ DE L'ILLUSTRE COMTE

CONFALONIERI

Et de Silvio Pellico.

DEUXIÈME ÉDITION — 2 Volumes in-8°. — Prix : 16 et 18 francs. Les Tomes III et IV paraîtront le 15 Mars.

Imprimerie d'ADOLPHE EVERAT et Comp., 16, rue du Cadran.